図解&事例で学ぶ

Webマーケティングの教科書

ショーケース・ティービー 監修

マイナビ

はじめに

「マーケティング」は本来、売る仕組みを構築・運用することを意味します。それをＷｅｂサイトやインターネット技術を使って行うのが「Ｗｅｂマーケティング」です。いわばネットを使ったリサーチ、製品づくり、集客、接客、アフターフォローという一連の流れのことです。

いまや、ユーザは企業に対してあらゆるコンタクトポイント（接点）で、情報収集を行います。テレビや雑誌で紹介されている商品を、自分で検索して、その商品を取り扱っている店を訪れて実物を確認し、その後、ブログで実際に使っている人のコメントなどを確認して、ネット通販で購入する、などです。自分の感想をネットやリアルのクチコミで伝えるユーザも多いでしょう。

企業における評判や業績に大きな影響があることを考慮に入れれば、好む好まざるに関係なく、もはやＷｅｂマーケティングは避けて通れないものになっています。

本書の監修をおこなっている私たちショーケース・ティービーは、これまで国内の有力企業のＷｅｂサイト５０００以上のアカウントに対して、Ｗｅｂマーケティング支援ツールを提供してきました。そして、毎年のように売上のうちのｅコマースの比率や、広告予算におけるネット広告の比率は高まっていることを実感しています。私たちがサービスを提供し始めた９

年前には、「まだ、そこまでしなくても…」という消極的なクライアントも、「何か競合に比して、新しい取り組みはできないか」「もっとコンバージョン率をあげる効率的なソリューションが欲しい」など、非常に積極的に変わってきました。Ｗｅｂマーケティング担当者が扱う予算も年々増えています。

実際、電通が毎年発表している「日本の広告費」によれば２０１４年にインターネット広告の市場はとうとう1兆円を越えています。今後も2桁成長を続けていくことでしょう。また、経産省によれば同年のＢｔｏＣのｅコマース市場は１２・８兆円。全体におけるＥＣ化率は４・３％なので、まだまだこの市場は大きくなっていきそうです。そして、iPhoneに端を発するスマートフォンが起こしたモバイルインターネット革命が、あらゆる業界に波及していくことでしょう。

また、最近ではリアルとネットとの関わりも深くなってきました。店舗（オフライン）とネット（オンライン）の相互送客、顧客情報や在庫情報の管理などＯ２Ｏ（あるいはオムニチャネル）というコンセプトが広がり、ネット限定であった企業のＷｅｂマーケティング担当者に課せられたミッションは会社の総合的な戦略的課題となっているケースが増えています。

ところが、これだけ重要なＷｅｂマーケティングに関して体系立てて教育したり、ノウハウを共有したりしている企業は少ないのが現状です。広告代理店や制作会社に丸投げするか、ネットに詳しい人に任せっきりで、会社として知見をどう蓄積していくか戦略がないケースがほとんどです。

一方で、Ｗｅｂマーケティング担当者が持つべき知識は自社製品や通販のノウハウだけでなく、最新のネット技術、ユーザの購買行動の変化、広告配信技術など多岐にわたります。Ｗｅｂマーケティングの担当者になると、これらの広範囲な知識を身につけて、多種多様な業務をこなす必要があります。

本書は、企業においてＷｅｂマーケティングの担当者が網羅すべき、基本的な業務知識をまとめたものです。まさに教科書にふさわしいＷｅｂマーケティングの「いろは」から始まり、集客、接客、フォローなど個別の最新知識も身につけることができます。ネットにはあらゆる情報が散財しており、最新の技術動向なども検索して読むことはできますが、一番最初に手をつけるべきは、Ｗｅｂマーケティング全体を俯瞰して理解することです。全体像と基本が理解できていれば、その上で、自社のＷｅｂサイトに必要なものはなにか、どのような集客方法がマッチするのか、自社製品のファンにどのようにアプローチすべきか、個別の課題解決を行えばいいと思います。

Ｗｅｂマーケティングという領域は、その重要性と専門性から考えて、将来にわたってとても価値の高い仕事であり続けるでしょう。最新動向にキャッチアップするのは大変ですが、それ以上にＷｅｂマーケティングの知見を身につけたあなたに大きな利益をもたらすはずです。本書がその一助になればと思います。

ショーケース・ティービー

目次

はじめに …… 3

第1章 Webマーケティングとは何か？ …… 15

1-01 そもそもマーケティングとは何か？ …… 16
企業が顧客を獲得するためのあらゆる活動

1-02 Webマーケティングとは何か？ …… 20
インターネットを使って売れる仕組みをつくる

1-03 Webマーケティングの主な流れ …… 24
「集客」「接客」「リピート」の基本構造をつかむ

1-04 Webマーケティングの目的と目標 …… 28
「わかること」と「できること」を整理する

1-05 Webマーケティングの担当者に必要とされる知識とスキル……32
幅広い分野の知識を身につける

事例① パナソニックのWebサイト戦略……36

第2章 Webサイトのパフォーマンスを知るための基本用語……39

2-01 アクセス解析でサイトの課題を知る……40
解析ツールでさまざまな指標を入手し分析

2-02 コンテンツの充実度を測るPVとセッション数……44
Webサイトのアクセス数を知るための基本的指標

2-03 純粋なユーザ数がわかるUU……48
単純合計のPVよりも実際的な数字が得られる

2-04 バナーやリンクの効果がわかるCTR……52
表示された広告をユーザがクリックした率

2-05 成約数と成約率を測る指標……54
コンバージョン数とコンバージョン率

2-06 離脱するユーザの割合を知る……58
直帰率・途中離脱率・サイト滞在時間・かご落ち率

2-07 広告費の投資対効果（ROI）を把握する……60
CPOやCPAで広告を評価する

2-08 KPIで進捗状況を計測する……64
プロセスを定量的に評価することで前進できる

事例② ショーケース・ティービーのアクセス解析……68

第3章 集客／キーワードで人を集める……71

3-01 SEO（検索エンジン最適化）とは……72
検索結果の上位に自社サイトを表示させる

3-02 自然流入とリスティング広告……74
検索キーワードをアクセスにつなげる2つの方法

3-03 検索結果に影響を与える要素……76
キーワード濃度・被リンク数・タイトル・ディスクリプション

3-04 大切な検索キーワード選定 …… 78
ビッグワードとスモールワード

3-05 内部施策と外部施策 …… 80
検索結果上位に掲載されるための工夫

3-06 HTMLの記述ポイントとロボット対策 …… 84
ロボットが読み取りやすいHTMLを書く

3-07 スマホ対応のページを準備する …… 86
HTMLファイルの共用で効率と更新忘れを防止

3-08 ペナルティに注意する …… 88
行き過ぎたSEO対策はかえって損をする

3-09 便利ツールをSEO対策に活用する …… 90
効果的なキーワード選定をサポート

事例③ ショーケース・ティービーのSEO対策 …… 94

第4章 集客／クチコミで人を集める …… 97

4-01 消費行動がわかる「AISASモデル」 …… 98
「Search＝検索」と「Share＝共有」を追加

4-02 ユーザに広めてもらう「バイラルマーケティング」 …… 102
クチコミやシェアで情報を拡散させる

4-03 Facebookを活用する …… 104
ユーザの属性や趣味に応じて広告を表示する

4-04 Twitterを活用する …… 106
140文字の短文をマーケティングで上手に使う

4-05 オウンドメディアを活用する …… 108
マスメディアの時代から自社サイトの時代へ

4-06 多メディアの組み合わせを活用する …… 112
集客力で劣るオウンドメディアの活かし方

事例④ パナソニックのSNS活用 …… 116

第5章 集客／広告で人を集める

第5章 集客／広告で人を集める …… 119

5-01 広告の表示タイプを考える …… 120
バナー、テキスト、インフィード、レスポンス

5-02 広告の成果指標と課金形態 …… 122
効果を評価するための指標

5-03 広告表示のトリガー …… 124
広告を見てもらうためのきっかけ

5-04 デバイス別に最適化を行う …… 126
PCとスマートフォンで異なる見え方

5-05 出稿媒体を選定する …… 128
リスティング広告・アドネットワーク・DMP&DSP

5-06 「リーチ」と「フリークエンシー」を理解する …… 132
Web広告界のUUとPVを表す指標

5-07 運用は誰が行うのがいいのか …… 136
自社で運用するか、代理店に依頼するか

事例⑤ クロックスの広告デザイン …… 140

第6章　アクセスしてきたユーザを顧客にする　143

6-01　ランディングページの重要性と最適化　144
注目されるLPOの手法

6-02　One-to-Oneのパーソナルアプローチ　148
一対一の〝個人〟をターゲットにしたマーケティング

6-03　レコメンデーションを活用する　152
個々のユーザに向けた「おすすめ」を表示する

6-04　バカにできないEFO(エントリーフォーム最適化)　156
ユーザが入力しやすい環境をつくる

6-05　顧客の会員化とポイント、クーポンの活用　160
ユーザにとってのメリットをしっかりアピールする

6-06　超ごひいき顧客を作ろう　164
〝自動的に売れる〟リピーターの獲得

6-07　ブランディングサイトとECサイト　168
Webサイトの2つのスタイル

6-08 WebのPDCAサイクルをまわそう……172
計画・実行・検証・改善を重ねる

事例⑥ クロックス　ブランドECサイトの売上最大化……176

第7章 これから注目のWebマーケティング対策……179

7-01 モバイルフレンドリー対策……180
検索結果にも影響するスマートデバイスへの最適化

7-02 ユーザーニーズの集め方……182
アンケートとWeb検索という2種類の方法

7-03 データベースマーケティング（Webで得たデータ）を活用しよう……186
One-to-Oneマーケティングにつながる手法

7-04 O2Oとは……190
ネットと実店舗の連動をめざすビジネスモデル

7-05 オムニチャネルとは……192
ありとあらゆるルートを組み合わせる戦略

7-06 ネイティブアドとは……196
一般記事に自然と溶け込んだ広告記事

7-07 デザイントレンドを知り、取り込む……198
Webページのデザインの歴史を概観

7-08 違法なマーケティングに注意しよう……200
消費者を欺くタチの悪い宣伝手法

7-09 ネット特有のリスクに気をつけよう……204
不正アクセス・情報漏洩・なりすまし

Webマーケティング支援サービスを活用しよう……208

参考文献……212

索引……213

第1章

Webマーケティングとは何か？

1-01

そもそもマーケティングとは何か？

企業が顧客を獲得するためのあらゆる活動

▼「マーケティング＝市場調査や広告」ではない

Webマーケティングについて考える前に、まずはそもそも「マーケティングとは何か」を整理しておきましょう。

マーケティングは、いまやビジネス活動に必須のものとなっています。ところがこの言葉はまだ正しく理解されず、独り歩きしているのが実情ではないかと思われます。たとえば、マーケティング＝市場調査と考えている人がいるかもしれません。あるいは、広告を作って宣伝することがマーケティングだと考えている人もいるかもしれません。マーケティングには市場調査や広報・宣伝も当然含まれていますが、それらはあくまでもマーケティングを構成する一部なのです。

企業が顧客を獲得し、成長するために、市場調査で顧客の欲求や要望を汲み取って分析したり、広報・宣伝で得られるフィードバックを活かしたりしながら、魅力的な製品やサービスの開発につなげる取り組み。これを総称して「マーケティング」といいます。

マーケティングとは何か?

企業が顧客を獲得するために行う活動

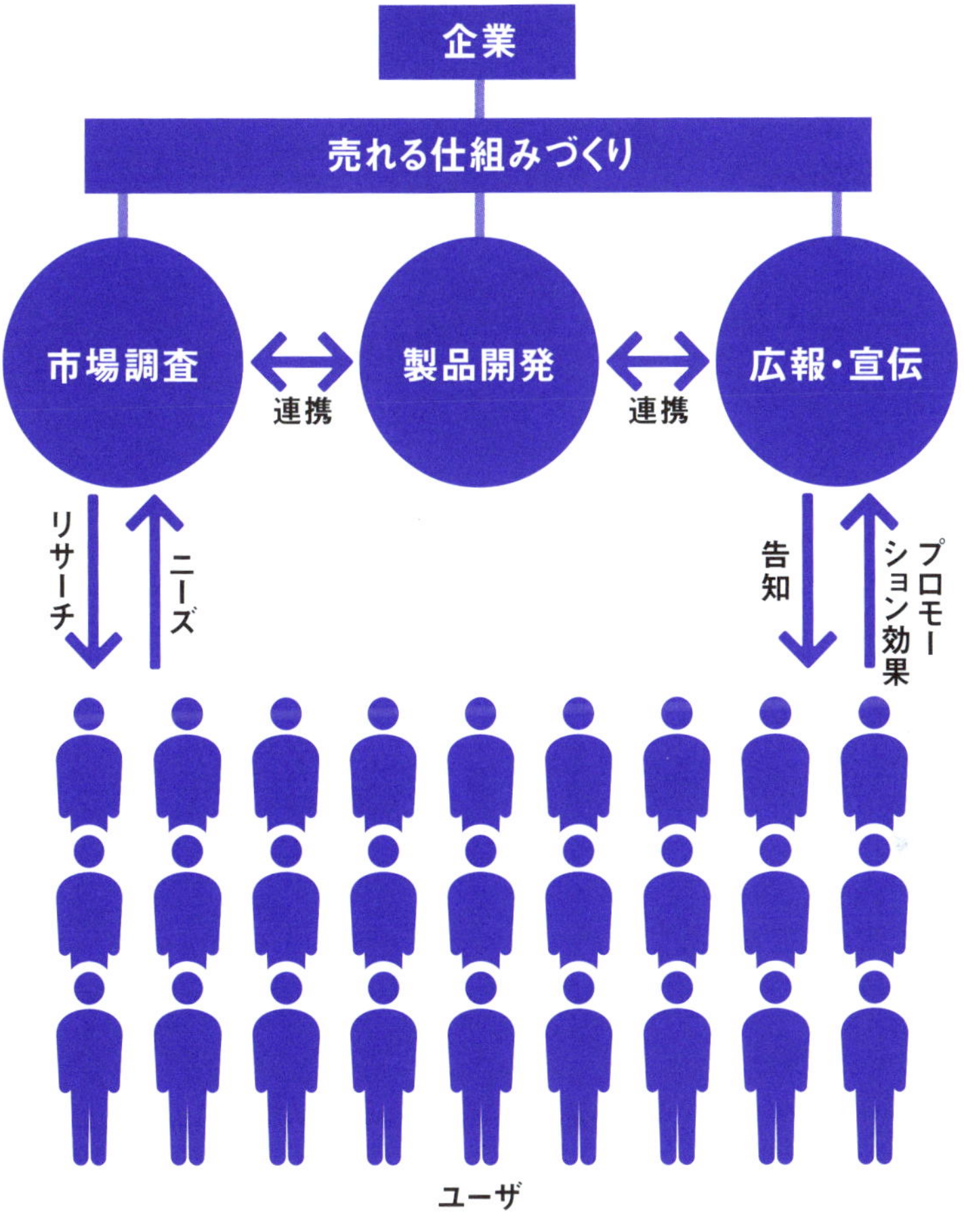

▼マーケティングは４つのＰで考える

マネジメント研究で知られるピーター・ドラッカーは、「マーケティングとは、セリング（販売活動）を不要にするもの」だと言っています。あえて販促活動を行わなくても、顧客が製品やサービスを進んで買ってくれるようにするための活動、それこそがマーケティングのめざすものだというのです。**別の見方をすれば、製品・サービスが売れるようにするための仕組みや環境をつくる活動のすべてが、マーケティングなのです。**

マーケティングを考える際には、その前提として、「４Ｐ」の概念をまずは頭に入れておくべきでしょう。４Ｐとは、「製品（Product）」、「価格（Price）」、「流通（Place）」、「プロモーション（Promotion）」の４つの頭文字を意味しています。「製品（Product）」は、顧客の欲求や要望に対してどのような製品・サービスを開発するか、「価格（Price）」はどのような価格で製品・サービスを提供するか、「流通（Place）」はどのような販路や場所で製品・サービスを流通させるか、そして「プロモーション（Promotion）」は製品やサービスをどのように顧客へ知らせるか、です。

マーケティングを考える概念としては、この４Ｐを顧客視点で進化させた「４Ｃ」も登場しています。４Ｃは顧客にとっての価値＝Consumer Value、顧客にかかるコスト＝Cost、顧客にとっての利便性＝Convenience、顧客との対話＝Communicationの頭文字からとった言葉です。

マーケティングは4Pで考える

価格
Price

販売価格、卸価格、希望価格、割引価格、支払い条件、信用取引条件などを指す。

製品
Product

品質、機能、効能、技術、ブランド、デザイン、サービス、コア・コンピタンスなどを指す。

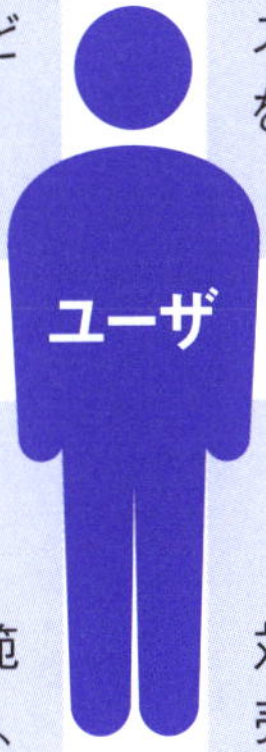

流通
Place

販路、流通経路、流通範囲、品揃え、在庫、納期、小売りの業態、小売りの販売場所などを指す。

プロモーション
Promotion

対面販売などの人的販売、マスメディアを利用した広告、SNSなどのコンテンツ、販売促進活動、広報活動などを指す。

1-02

Webマーケティングとは何か？

インターネットを使って売れる仕組みをつくる

▼一般的なマーケティングとの違いを知っておく

マーケティングについてひと通り見たところで、それでは、本書のテーマである「Webマーケティング」とは何かを考えてみましょう。Webマーケティングとは、ごく簡単にいうならば、インターネットを利用したマーケティングのことです。インターネットとひと口にいってもさまざまなものがありますが、とりわけWebサイトに代表されるWeb技術を利用し、企業が顧客を獲得する＝製品やサービスが売れるための仕組みを構築する活動のことをいいます。

売れる仕組みをつくるという点では、従来のマーケティングも、Webマーケティングも、めざすところは同じです。しかし**Webマーケティングでは、双方向性や検索性、データの収集・分析の容易さといったWebの強みを存分に活かして、さまざまなメリットを有するマーケティング活動を行うことができます**。Webマーケティングでは、自社のWebサイトをベースとしてさまざまな施策を行います。

Webマーケティングとは何か?

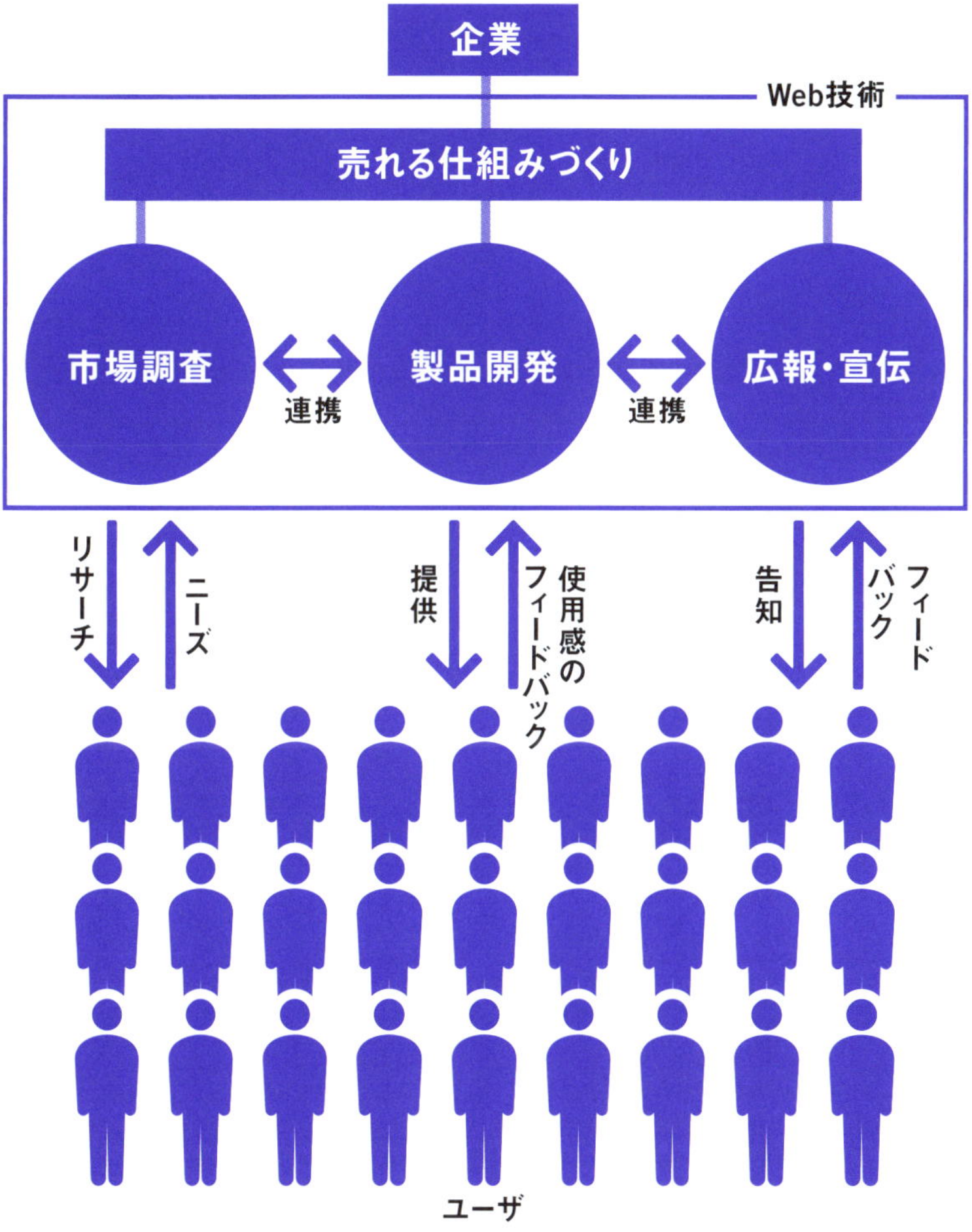

▼Webマーケティングが持つメリット

　Ｗｅｂを使ったマーケティングの特徴的な部分を、もう少し細かく見ていきましょう。まず、Ｗｅｂマーケティングには効果測定が容易という大きなメリットがあります。たとえばテレビを使った広告の場合、その製品やサービスの価値が消費者にどれほど伝わったかを明確な数字で把握するのはきわめて困難です。どれほどの費用をかければどれほどの効果が得られる、といった費用対効果も同様でしょう。その点、Ｗｅｂを利用した場合は、のちほど紹介するページビュー（ＰＶ）やセッション数、コンバージョン率（ＣＶＲ）といった指標によって、効果を簡単に可視化し、具体的な数字で把握することができます。**これによりユーザの動きを的確に捉え、ターゲットを限定したアプローチも容易に行えます**。

　Ｗｅｂマーケティングの特徴の２点目は、スピード感です。従来型マーケティングでは、たとえばテレビ広告など、施策を決定してから実際に放送されるまでに長い時間を要するのが一般的でしょう。Ｗｅｂマーケティングなら、時間はほとんどかかりません。施策を思いついたら即実行、が可能なのです。フィードバックも瞬時に返ってきます。そして３点目は、低コストであることです。テレビに広告を出すには莫大な費用がかかりますし、新聞広告も全面広告で効果を追求すれば大きな予算が必要です。しかしＷｅｂマーケティングでは、必要最低限のコストで始めることができるので、従来型マーケティングに比べて始めやすいというメリットがあります。

Webマーケティング3つの特徴

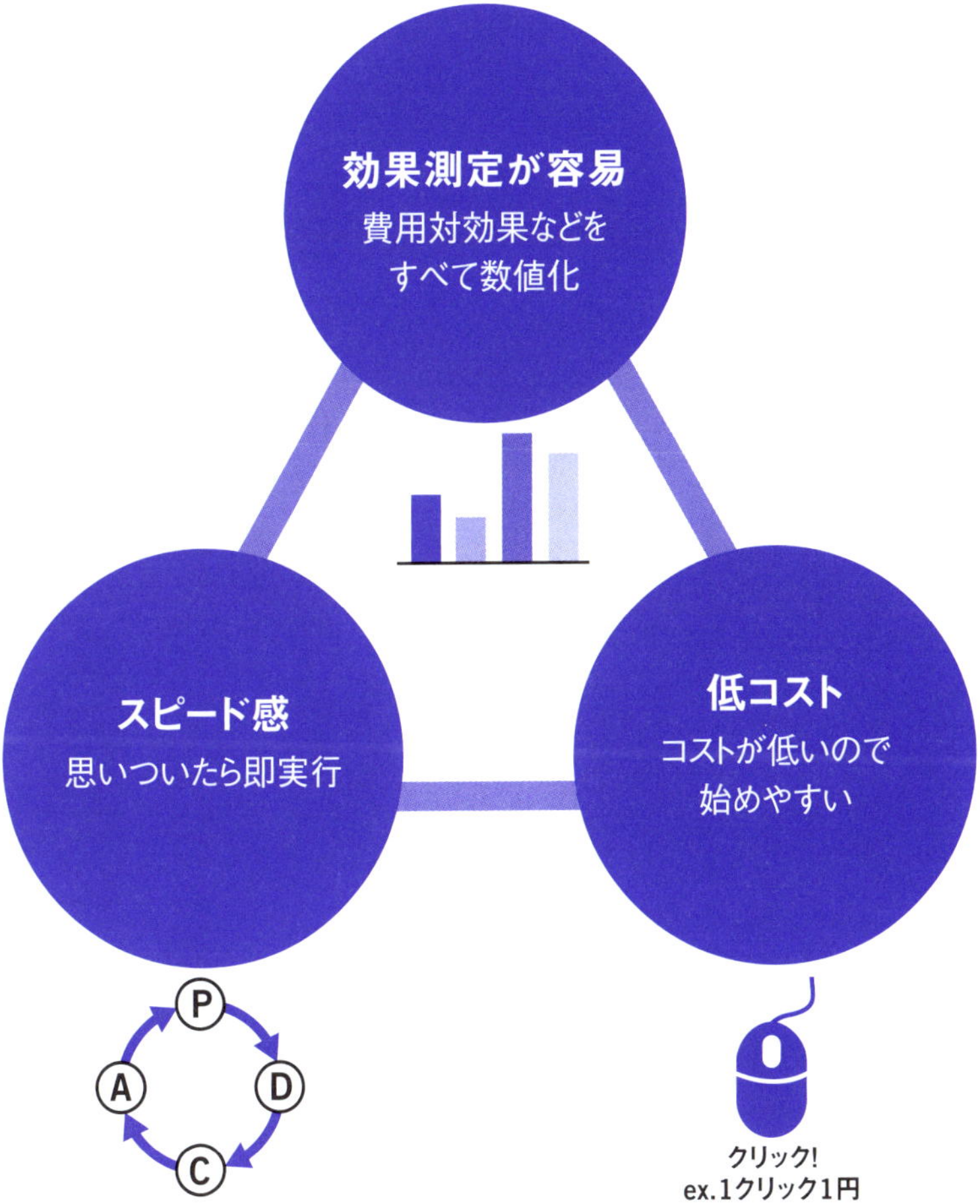

1-03

Webマーケティングの主な流れ

「集客」「接客」「リピート」の基本構造をつかむ

▼Webマーケティングには3段階の目標がある

Webマーケティングはマーケティングですから、最終的な目標はいうまでもなく「売れるための仕組みづくり」です。自社の製品やサービスが、わざわざ売ろうとしなくてもある意味勝手に売れてくれる……これが理想であり、まさにドラッカーが言った「セリングが不要」な状態でしょう。

では、売れるためにはどうすればいいのでしょうか。製品を売るには、まず買ってくれる人を一人でも多く集めなければなりません（＝集客）。もちろん、ただ集まっただけの人がかならず買ってくれるとは限りませんから、集まってもらった人に興味を持ってもらう必要があります（＝接客）。そして、もしその人が製品を買ってくれて「顧客」となった暁には、さらに二度、三度と買ってもらう、つまりリピーターになってもらうためのアプローチが必要となります。このように、**Webマーケティングには「集客」「接客」「リピート」の3段階の目標があります**。この3つが、Webマーケティングのもっとも基本的な流れとなります。

Webマーケティング3つの目標

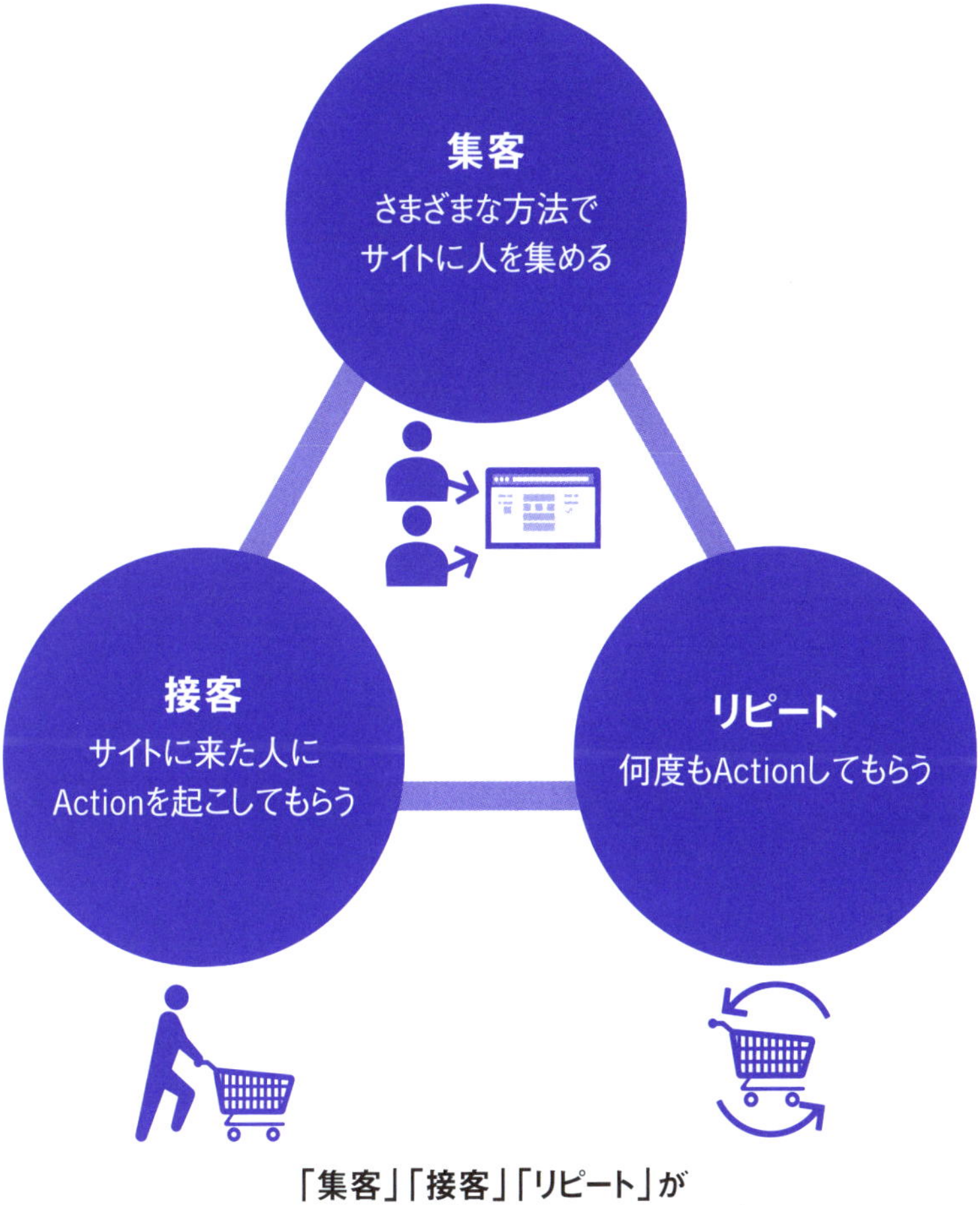
集客
さまざまな方法で
サイトに人を集める
接客
サイトに来た人に
Actionを起こしてもらう
リピート
何度もActionしてもらう

「集客」「接客」「リピート」が
Webマーケティングの基本構造であり目標!

▼マーケティングは〝じょうご〟で考えよう

集客した人が実際に製品を購入し、顧客になってくれるまでには、どういう流れがあるでしょうか。これは「ＡＩＤＭＡ」という概念で考えることができます。ＡＩＤＭＡの「Ａ」は「Attention（注意）」、以下、「Ｉ」は「Interest（興味）」、「Ｄ」は「Desire（欲求）」、「Ｍ」は「Memory（記憶）」、最後の「Ａ」は「Action（行動）」です。消費者が製品を購入するまでの流れを、デジカメを例に考えてみましょう。まず消費者が広告などでそのデジカメの存在を知ります（＝Attention）。次の段階ではそのデジカメに興味を持ち（＝Interest）、購入したいと思うようになります（＝Desire）。さらに購入したいという欲求が記憶に残り（＝Memory）、最終的に電器店へ赴いての購買行動に至ります（＝Action）。

問題は、最初のＡでデジカメの存在を知った人の数に比べ、実際に最後のＡまで達する人の数ははるかに少ないということです。そこで参考にしたいのが「ファネルマーケティング」という考え方です。ファネルとは漏斗（じょうご、ろうと）のこと。漏斗といってもあまり馴染みがないかもしれませんが、器に液体を注入するときに使うラッパのような形の道具のことです。この漏斗に「潜在顧客」という水を注ぐと、Ｉ→Ｄ→Ｍと段階をたどるごとにその数はどんどんと減っていき、最後のＡを経て「顧客」になる数はかなり絞られます。Ｗｅｂマーケティングの基本的な３段階の流れにおいても、このファネルマーケティングの考え方が必要となります。

「じょうご」で考えてみる

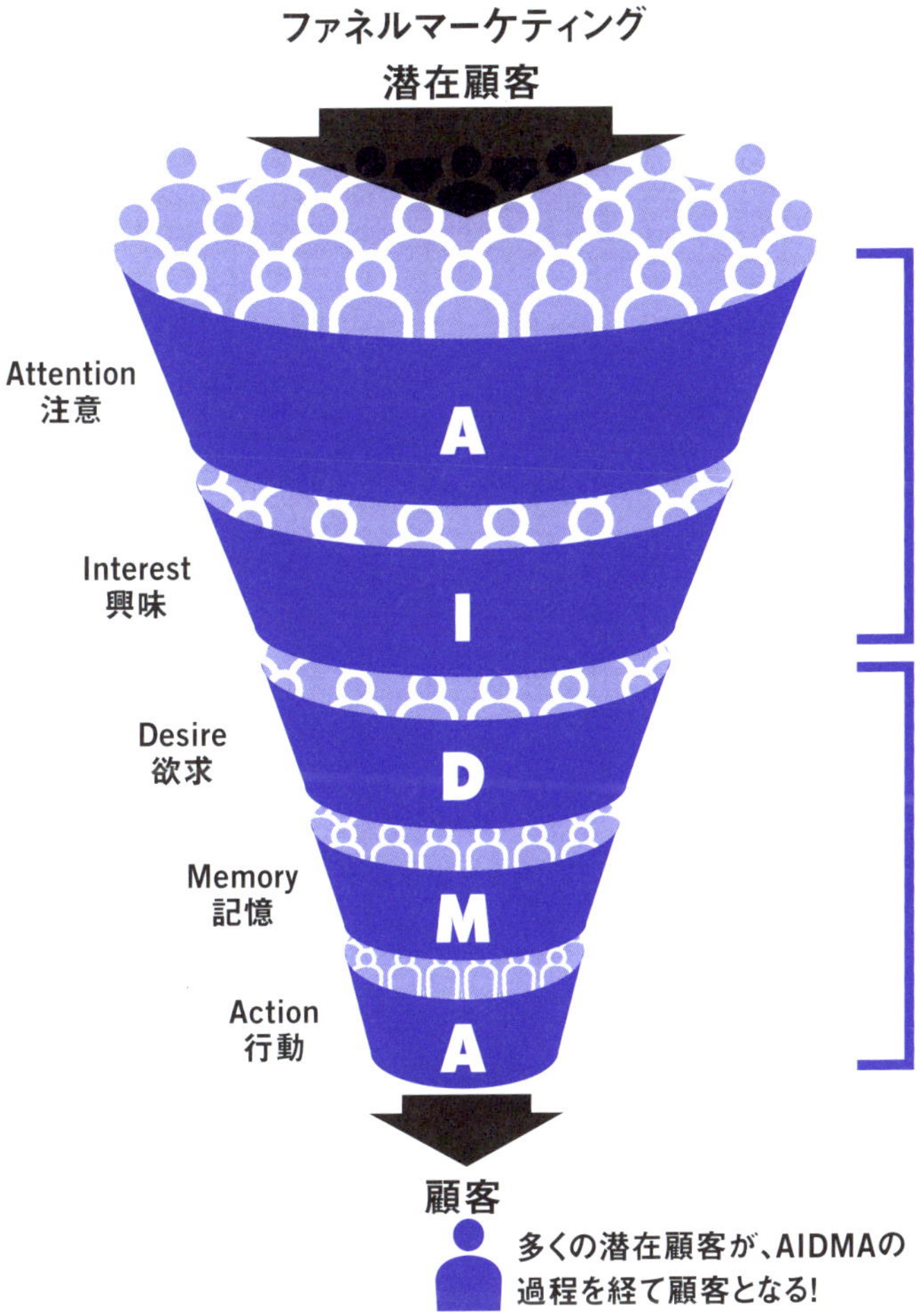
ファネルマーケティング
潜在顧客
Attention
注意
A
Interest
興味
I
Desire
欲求
D
Memory
記憶
M
Action
行動
A
潜在顧客
見込み客
顧客
多くの潜在顧客が、AIDMAの
過程を経て顧客となる!

1-04

Webマーケティングの目的と目標

「わかること」と「できること」を整理する

▼まずは「目的」を設定することから始める

「Ｗｅｂマーケティングを導入すればわが社の利益も上がるだろう」などと漠然とした考えのみでＷｅｂページを構築しても、まず効果は上がりません。「利益アップ」を実現するために効果のある施策が求められるのは当然のことです。

では、Ｗｅｂマーケティングの施策を実際に決定するにあたっては、何が必要なのでしょうか。まずは「目的」の設定が重要になります。**より具体的にいうなら、会社のマーケティング戦略全体の中で、いまから打とうとするＷｅｂマーケティングのプロジェクトにどのような役割を持たせたいのか、ということです**。たとえば「お客さんの数を増やす」とか、「商品の売上を増やす」「多くの人に商品を知ってもらう」「実店舗により多くのお客さんを誘導する」といったものです。

最終的な目標はいうまでもなく顧客の獲得、売れる仕組みづくり。ですからこの場合の目的は、最終目標へ至るために必要な道筋、プロセスと言い換えることもできるでしょう。

Webマーケティングの目的

Webページ

目的は最終目標へ至るために必要な道筋!

▼具体的な数値に落とし込めば「できること」がわかる

Ｗｅｂマーケティングに関する個々の施策の「目的」を設定することで、実際に行うべきプロジェクトの概要がわかってくるはずです。それをもとに、次の段階では、当面実現をめざす数値を盛り込んだ「目標」を決定していきます。

目的の段階では数字を伴わないでもよかったのですが、目標は一定のゴールを前提としているため、当然ですが数字が必要です。「お客さんの数を増やしたい」は「集客を3カ月以内に10％アップする」、「商品の売上を増やしたい」は「商品の売上を前期比10％増やす」、「多くの人に商品を知ってほしい」は「商品の認知度を1カ月で10％上げる」といったように、目的の中身を数値に落とし込んだ具体的な目標を設定していくのです。

数値として、どのようなものを選ぶか。まだほとんど知られていない商品であれば、いきなり20％の売上アップをめざすのではなく、10％のほうが現実に達成しやすいのは間違いありません。しかしその商品の売上増を後押ししそうな環境があるならば、強気に20％アップを目標とすることもできるでしょう。**このように具体的な数値を定めていくことで、現時点で自社のＷｅｂマーケティングに必要な要素が頭で「わかる」だけでなく、実際に施策として「できること」が決まっていきます**。

あとは決定した施策を実行し、結果に応じてＰＤＣＡサイクルをスピーディーに回していくことで、さらに効果的な施策に結びつけていくことができるでしょう。

Webマーケティングの数値目標

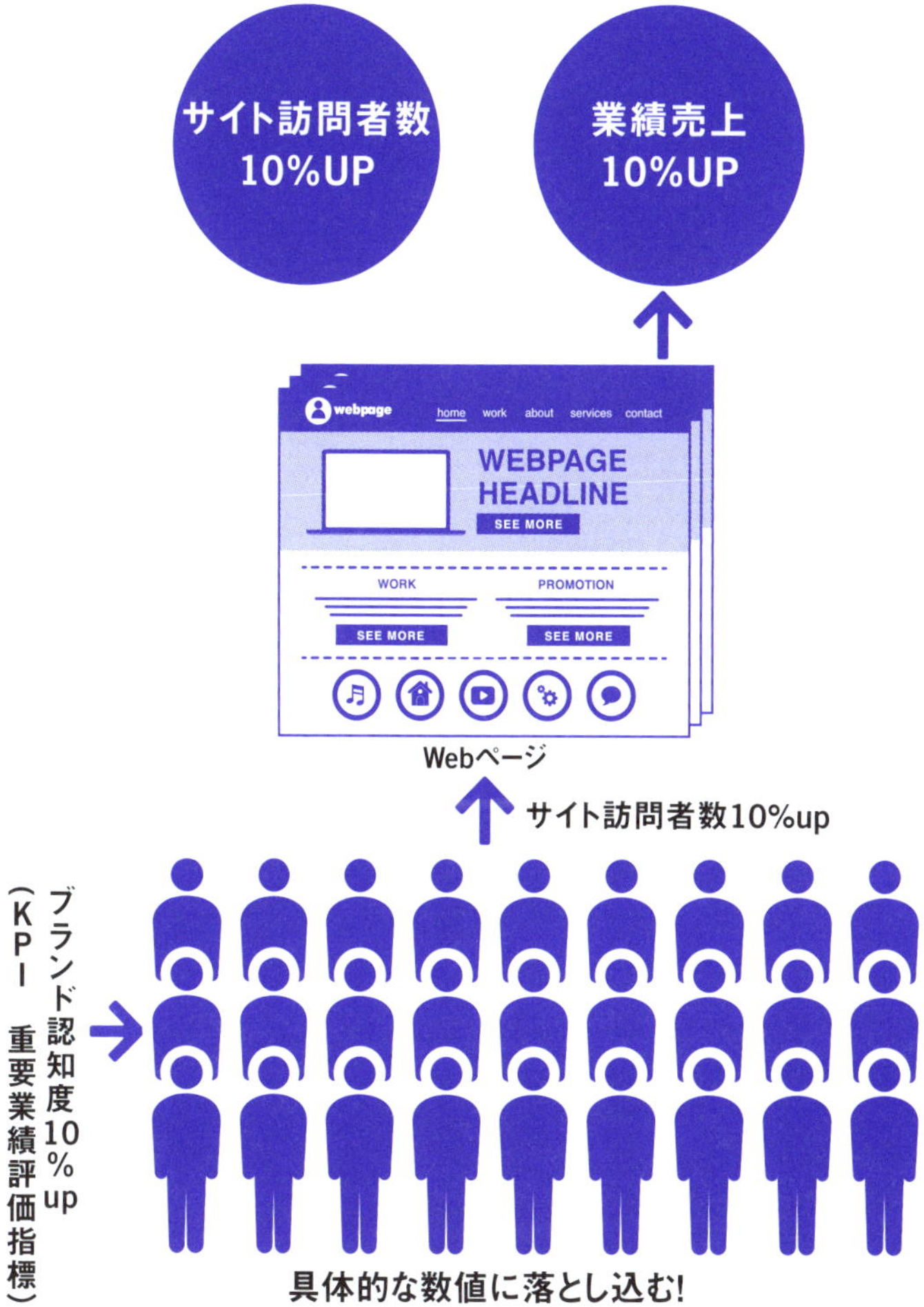

1-05

Ｗｅｂマーケティングの担当者に必要とされる知識とスキル

幅広い分野の知識を身につける

▼マーケティングとＷｅｂ技術の知識が必須

Ｗｅｂマーケティングは、従来のマーケティングに加えて「Ｗｅｂ」という要素がのっかっています。その分、Ｗｅｂサイトはもちろんのこと、FacebookやTwitterをはじめとするＳＮＳ（ソーシャルネットワーキングサービス）、各種ネット広告、検索エンジン、アクセス解析など、インターネットの幅広い分野に関係するマーケティングを行わなければなりません。そこで企業のＷｅｂマーケティング担当者（Ｗｅｂマーケッター）には、マーケティングの知識はもちろんですが、最新トピックを含めたＷｅｂ技術に関する知識も必須となります。また、データ分析・評価などビジネス統計の知識やスキルも求められることでしょう。

もうひとつ大切なのがコミュニケーション能力です。**Ｗｅｂマーケティング担当者は企業内で企画・開発、調査、広告、営業、販売などさまざまな部門と横断的に接し、調整を行わなければならないほか、外部の人間との折衝が必要な場面も出てくるからです。**

担当者に必要とされる知識とスキル

Webマーケッターには幅広い知識とスキルが必要!

▼書籍、セミナー、資格取得でスキルアップ

とはいえ、ひとりの人間がそれほど幅広い分野の事情に初めから通じているわけはありません。ですから、Ｗｅｂマーケティング担当者となったら、マーケティングやＷｅｂ技術、ビジネス統計その他役立つ分野の書籍を読んだり、スクールに通ったりして、日々自分の知識を蓄え、スキルを磨いていく努力が求められます。数多く開かれているＷｅｂマーケティング関連のセミナーを受講するのもいいでしょう。**Ｗｅｂマーケティングでは、どちらかといえば、ひとつの分野に詳しいスペシャリストよりは、ジェネラリストのほうが活躍できる傾向にあります**。

資格を取得するのもスキルアップには有効です。

資格としては、「ウェブ解析士」「Ｗｅｂアナリスト検定」「Ｗｅｂディレクション検定」「Google Analytics Individual Qualification」といったＷｅｂ技術寄りの資格・検定に加えて、「マーケティング・ビジネス実務検定」「ネットマーケティング検定」「Internet Marketing Analyst（IMA）検定」「Google AdWords 認定資格」「Yahoo! プロモーション広告プロフェッショナル認定」などのマーケティング・広告関連資格や、統計に関する知識を問う「統計検定」も大いに役立つと思われます。こうした勉強を日々きっちり行っていれば、自らのスキルアップはもちろんのこと、将来的なキャリアアップにも有効に働くことでしょう。

スキルアップの方法

Webマーケッターはジェネラリスト

事例①

パナソニックのＷｅｂサイト戦略

家電製品情報サイトの取り組み

▼膨大な商品群の情報サイトをチーム連携で作る

Ｗｅｂマーケティングへの取り組みの一例として、まずはパナソニックの事例を紹介しましょう。

パナソニックのコンシューマー向け家電製品のＷｅｂサイトには、商品情報サイト、会員制サイト「CLUB Panasonic（クラブパナソニック）」、ショッピングサイト「パナソニックストア」があります。各サイトは同社コンシューマーマーケティングジャパン本部内の異なるグループによって運営されています。

ご存知のように、パナソニックはＡＶ製品から美容製品、調理製品まで実に数多くの家電製品をリリースしています。それらの膨大なコンテンツをまとめる商品情報サイトは、同本部のコミュニケーショングループ内にある宣伝、広報、セールスプロモーション（店頭）、クリエイティブ、ネットプロモーションの各チーム、およびＷｅｂ専任のＷｅｂチームが、チームごと、商品担当者ごとの連携を図りながら作り上げています。

パナソニックサイト
http://panasonic.jp

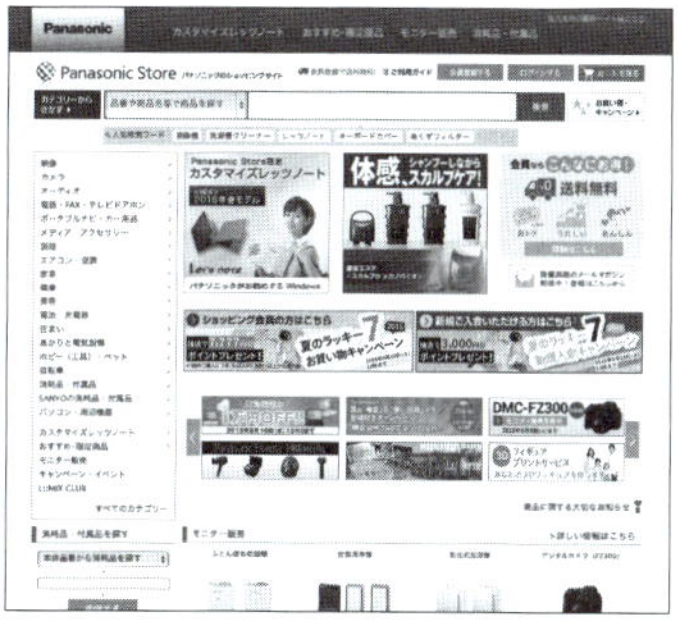

パナソニックストア
http://ec-club.panasonic.jp

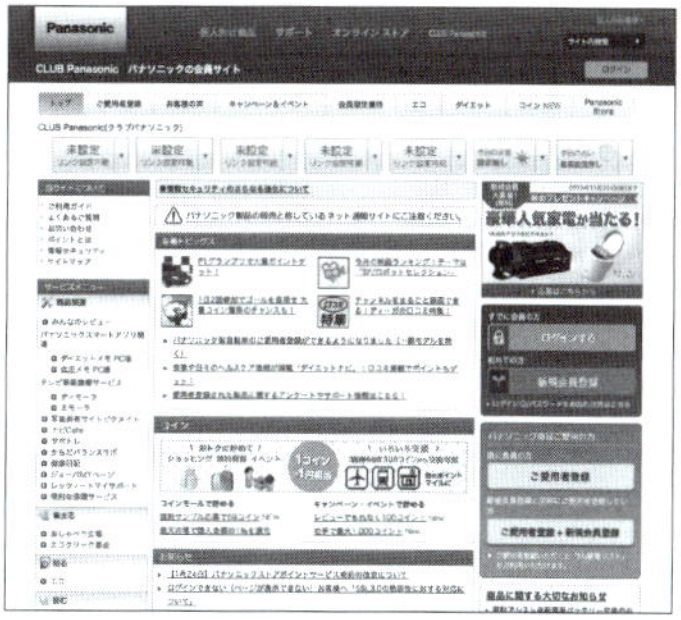

CLUB Panasonic
http://club.panasonic.jp

▼スマートフォンから見やすいページ作りを推進

パナソニックのＷｅｂチームでは、ＳＮＳとの連携や広告運用などと並んで、スマートフォンへの対応にも力を入れてきました。

従来のＷｅｂサイトはＰＣから閲覧されることがほとんどだったため、商品情報ページもＰＣ閲覧に最適化されたデザインになっていました。ところがスマホの普及が急速に進み、スマホから閲覧するユーザも増えてきました。そこでパナソニックでも商品ページのスマホ対応をスタート。しかし、主要ページはスマホに最適化したページを用意したのですが、下層ページなどはスマホ向けに最適化されていないページも多く残っていました。

これではせっかくサイトを訪れたスマホユーザが、見づらいからとサイトから離れてしまいます。Ｗｅｂチームではスマホ対応を積極的に進めました。

当初はＰＣ向けとスマホ向けを別々に作成していましたが、これでは手間も予算も必要以上に多くかかってしまいます。そこでひとつのＨＴＭＬファイルをベースにＰＣ向け・スマホ向け双方に対応する仕組み（１８０ページ参照）を採用したところ、スマホ対応が一気に進みました。

実際にスマホ対応サイトは小さな画面に情報が上手く整理され、特にトップページは写真とアイコンが使い分けられて、ユーザが迷う事のないように他のページへの動線が確保されています。まさにスマホ対応のお手本のようなサイトに仕上がっています。

第２章

Webサイトのパフォーマンスを知るための基本用語

2-01

アクセス解析でサイトの課題を知る

解析ツールでさまざまな指標を入手し分析

▼ユーザのアクセス実態を把握することから始まる

この章では、Ｗｅｂマーケティングの世界で頻繁に使用される基本用語を見ていきましょう。いずれもしっかり理解しておくことが肝要な言葉ばかりです。

Ｗｅｂマーケティングでは、自社のＷｅｂサイトをベースとして、さまざまな施策をスピーディーに、かつ低コストで行えます。ところでＷｅｂサイトというものは、ユーザに閲覧されて初めて存在意義が出てきます。誰にもアクセスされない、つまり誰にも見られないＷｅｂサイトには何の意味もありませんね。

そこでＷｅｂマーケティングにおいては、サイトに対するユーザのアクセスを把握し、解析することが重要になります。ユーザがどういう経路（検索エンジン、広告、リンクなど）で自社サイトにやってきたのか、トップページだけでなく本当に見てほしい商品説明ページもちゃんと訪れてくれているかなど、アクセスを解析することから自社サイトの現状把握や課題発見を行い、改良につなげていくことが可能になるのです。

代表的なWebアクセス分析ツール①

①Google Analytics

https://www.google.com/intl/ja_jp/analytics/
無料Webアクセス分析ツールのスタンダード

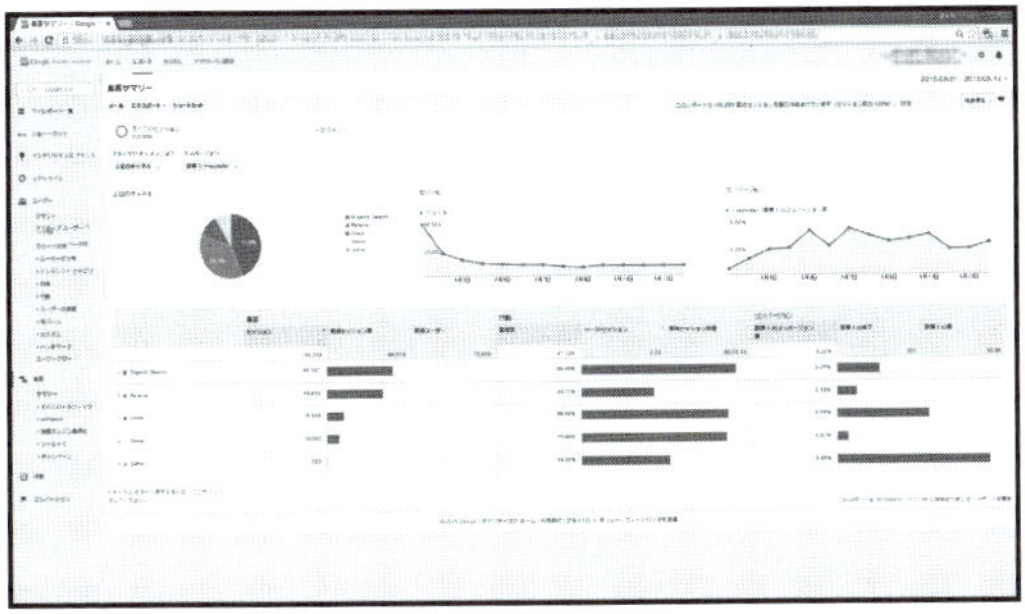

②Adobe Analytics

http://www.adobe.com/jp/marketing-cloud/web-analytics.html
アドビシステムズが提供する総合Webアクセス分析ツール

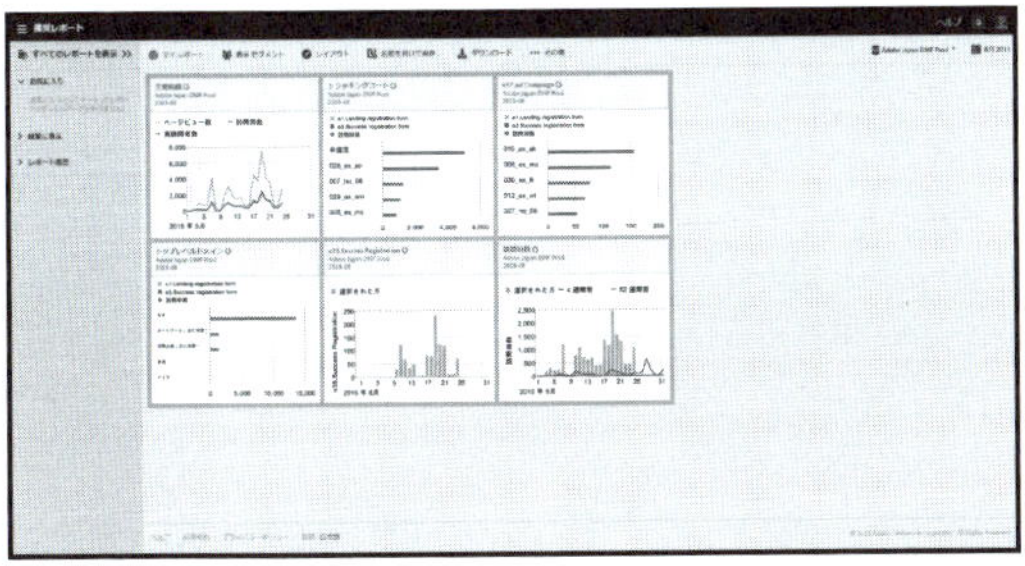

▼アクセス解析ツールでできること

では、アクセス解析を行うにはどうすればいいのでしょうか。一般的にはアクセス解析ツールを用います。

アクセス解析ツールで求められるのは「PV（ページビュー）」や「UU（ユニークユーザ）」「セッション数」「CTR（クリックスルー率）」「直帰率」といった指標です（これらの指標の詳細については次項以降で説明します）。さらには、どのサイトから訪問してきたかを示す「リファラー」の情報もわかるようになっています。

アクセス解析ツールは「Cookie（クッキー、ユーザ認証などを行うためのファイル）」を使ってアクセスを解析します。Cookieには訪問しているサイト（ドメイン）が発行するファーストパーティ製と、第三者が発行するサードパーティ製があります。Aというサイトに Bサイトが配信する広告が表示されている場合は、Aが発行するのがファーストパーティ製で、Bがサードパーティ製となります。アクセス解析の定番ツールといわれるのが「Google Analytics」と「Adobe Analytics」（旧SiteCatalyst）です。「Google Analytics」がファーストパーティ製Cookieでアクセス解析するのに対し、「Adobe Analytics」はファーストパーティ、サードパーティ双方のCookieを利用できます。ファーストパーティ製Cookieはブロックされることがなく正確なデータを取得できます。一方のサードパーティ製Cookieは複数ドメインをまたぐ場合でも同一訪問者として解析できます。

代表的なWebアクセス分析ツール②

③RTmetrics

http://www.auriq.co.jp/products/rtmetrics/
PC・モバイル・スマートフォンを一元的に管理できるWebアクセス解析ツール

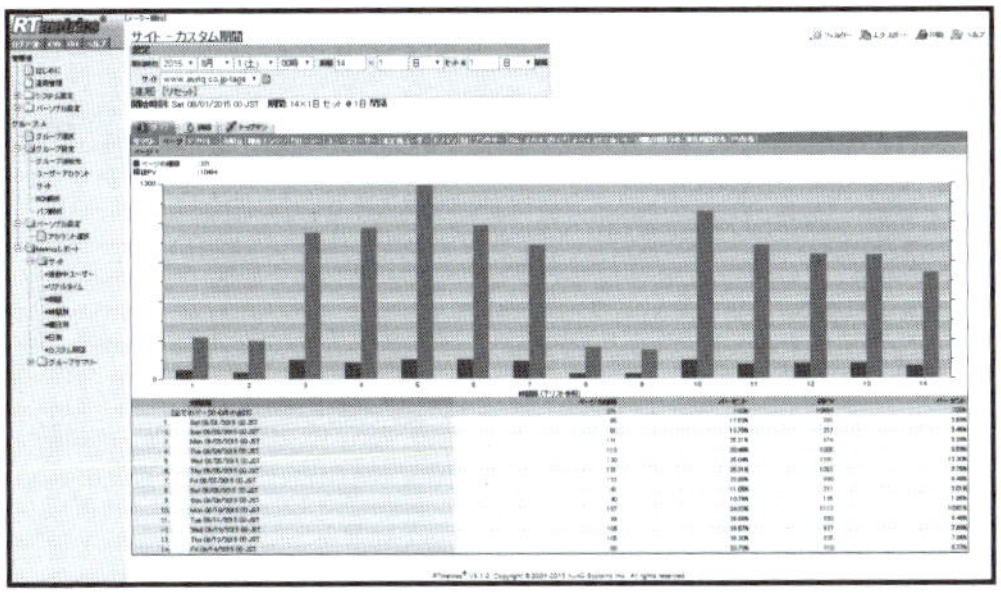

④Visionalist

http://www.visionalist.com
顧客行動把握に優れたWebアクセス解析ソリューション

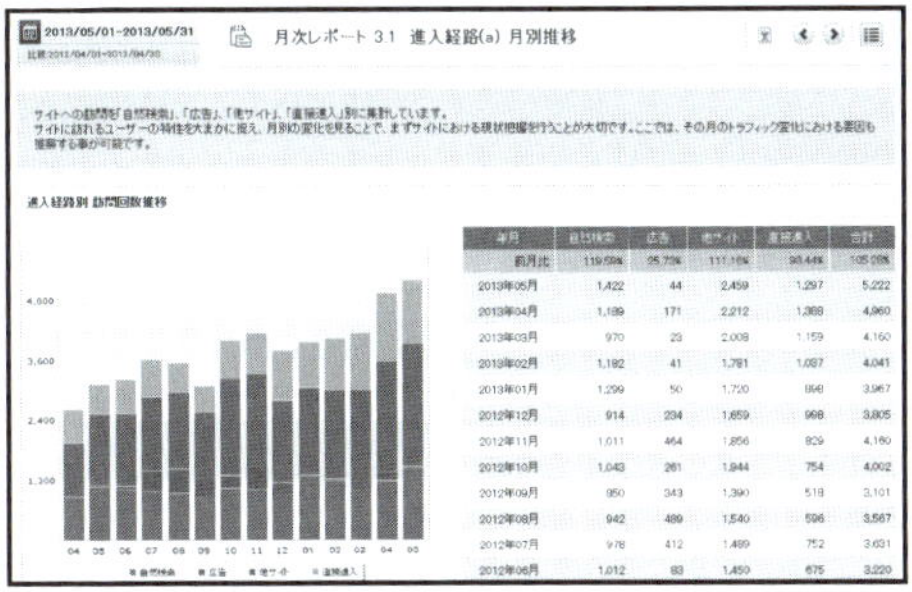

2-02

コンテンツの充実度を測るＰＶとセッション数

Ｗｅｂサイトのアクセス数を知るための基本的指標

▼ページが閲覧された数を単純にカウントするＰＶ

ＷｅｂマーケティングでベースとなるのはＷｅｂサイトです。**そのＷｅｂサイト（Ｗｅｂページ）が何回閲覧されたかを表すもっとも基本的な指標が「ＰＶ（ページビュー）」です**。あるサイトをユーザが1回閲覧すると、１ＰＶになります。１万ＰＶといえば、単純にそのサイトが1万回閲覧されたことを意味します。

「自社サイトの10万ＰＶをめざす」などというように、ＰＶの数を目標として設定するケースは多いかもしれません。ＰＶを増やすことはもちろん大切ですが、ＰＶは単に閲覧された回数にすぎないことに注意すべきです。10人のユーザが1回ずつ閲覧するのも、同じユーザが10回閲覧するのも、同じく10ＰＶになります。同一ユーザが何度も何度も閲覧することに意味がないとはいいませんが、１０００ＰＶのうち９００ＰＶが同一ユーザのものであったらさすがに考えてしまいます。ＰＶとはそういう性質を持った指標であることを理解しておきましょう。

PV(ページビュー)とは何か?

そのページが何回表示されたか?

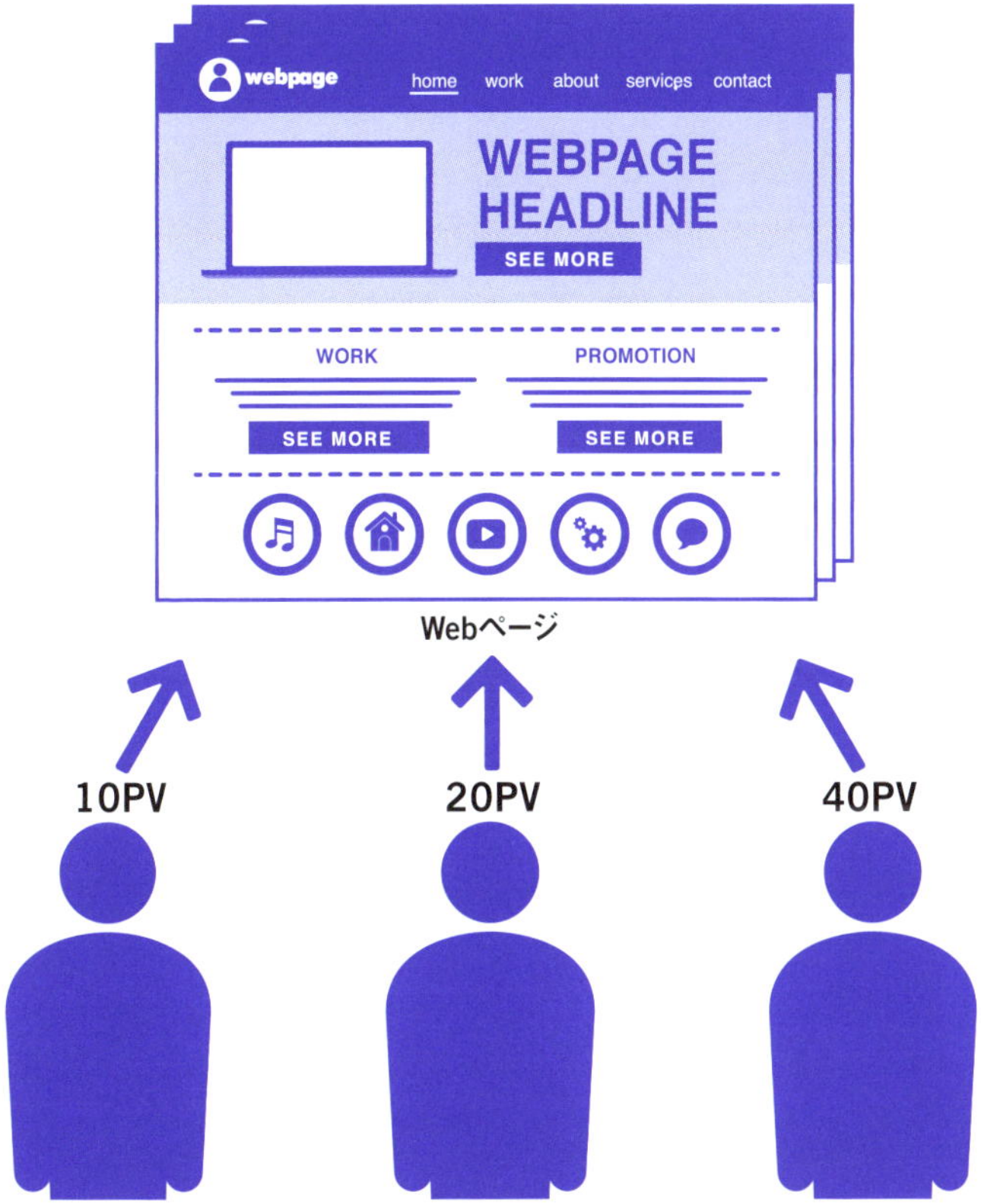

10PV + 20PV +40PV + =70PV

PVはページが閲覧された数をカウントする!

▼サイトへの訪問回数を延べで表すセッション数

Webサイトが閲覧された回数を単純にカウントするPVとは異なり、**ユーザがWebサイトを訪れた回数を延べで表す数字が「セッション数」です**。そのものズバリ、「訪問回数」と呼ぶこともあります。

セッション数では、PVのようにページの閲覧1回1回をカウントすることはしません。ユーザがそのサイトを訪れ、サイト内のひとつあるいは複数のページを閲覧し、サイトから離脱するまでをまとめて1セッションとカウントします。「サイトへのアクセス→サイト内の閲覧→サイトからの離脱」がひとつのセッションになるということです。

たとえばユーザAが朝・昼・晩に1回ずつサイトを訪れ、ページを閲覧した場合には、セッション数は「3回」となります。それぞれの訪問で3つのページを閲覧したとすると、PVは9となりますが、サイト自体を訪れた回数は3回ですので、セッション数はあくまで3となります。もちろんA、B、Cの3人のユーザがそれぞれ1回ずつ訪れた場合も、セッション数は3になります。

セッション数は、朝夕の通勤・帰宅時にコンビニに行くことを考えるとわかりやすいでしょう。朝の通勤途中で駅の近くにあるコンビニに寄り、サンドイッチと飲み物を購入します。また、夕方会社から帰るときにも同じコンビニに寄って、飲み物と新聞を買うとします。この場合、朝夕1度ずつ同じコンビニを訪れているので、セッション数は2回となります。

セッション数とは何か?

一定時間を空けて、サイトを訪れた回数

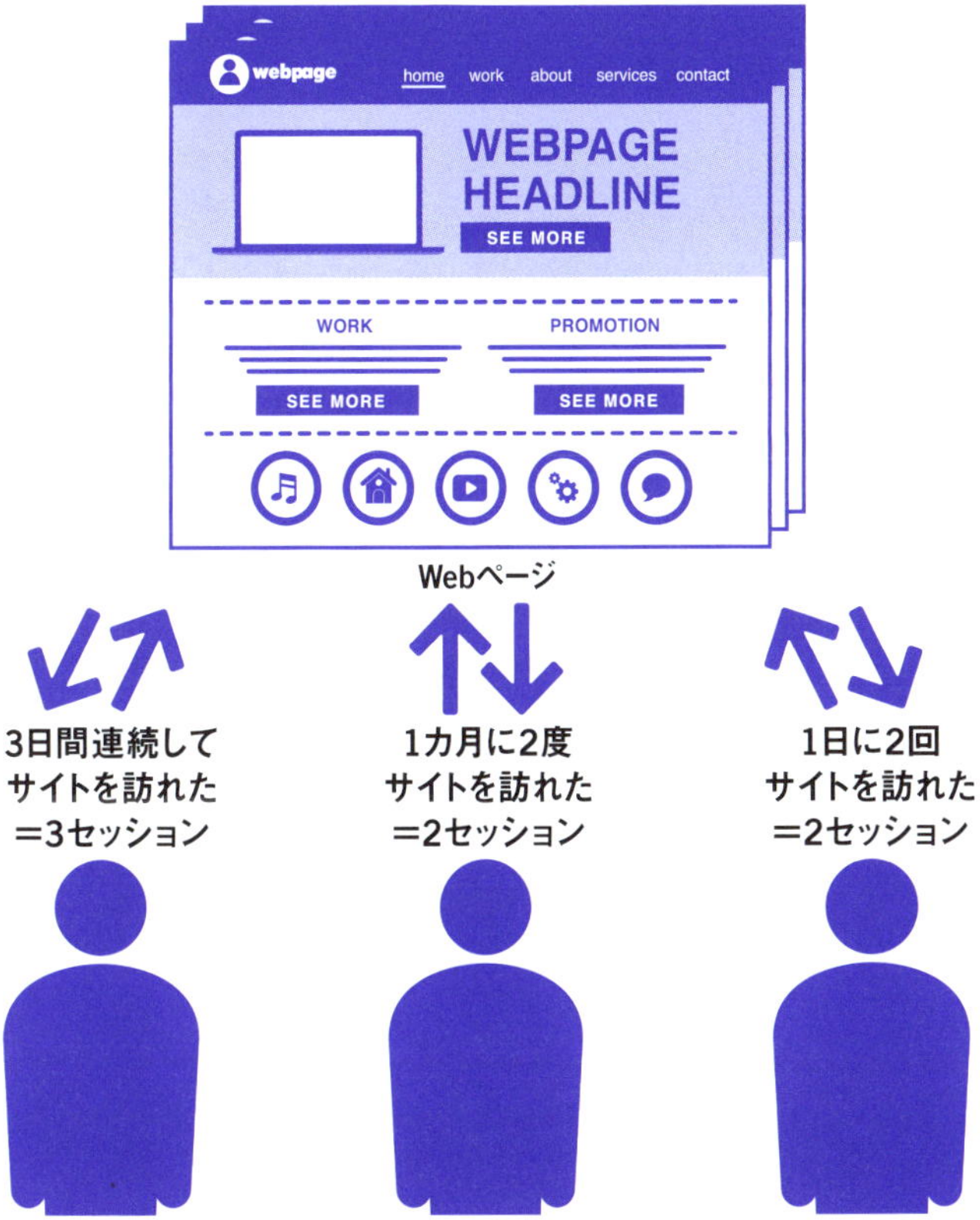

3セッション+2セッション+2セッション=7セッション

セッション数とはサイトの延べ訪問回数!

2-03

純粋なユーザ数がわかるＵＵ

単純合計のＰＶよりも実際的な数字が得られる

▼Ｗｅｂサイトを閲覧した人の実数を知る重要な指標

ＰＶはページが閲覧された回数の単純合計を示します。ですから、たとえば極端な話、１人のユーザがあるＷｅｂサイト内のページを１００回閲覧したとしても、あるいは１００人のユーザが１人１回ずつ閲覧したとしても、ＰＶは同じく１００になります。ページの閲覧回数自体はＰＶで把握できますが、その数字が実際にどれほど有効であるのかを把握することはできません。

では、Ｗｅｂサイトに訪れたユーザ数を把握する指標はないのでしょうか？　それが「ＵＵ」です。**ＵＵはユニークユーザ（Unique User）の意味で、１人のユーザが複数のページを閲覧した場合でも、ＵＵは１としてカウントします**。

たとえばユーザＡがＷｅｂサイト内のページを10回閲覧（10ＰＶ）、Ｂが20回閲覧（20ＰＶ）、Ｃが40回閲覧（40ＰＶ）したとします。この場合、ＰＶは合計で70になりますが、訪れたユーザ数はあくまで３人ですので、ＵＵは３となります。

UU（ユニークユーザ）とは何か?

そのサイトを何人訪れたか?

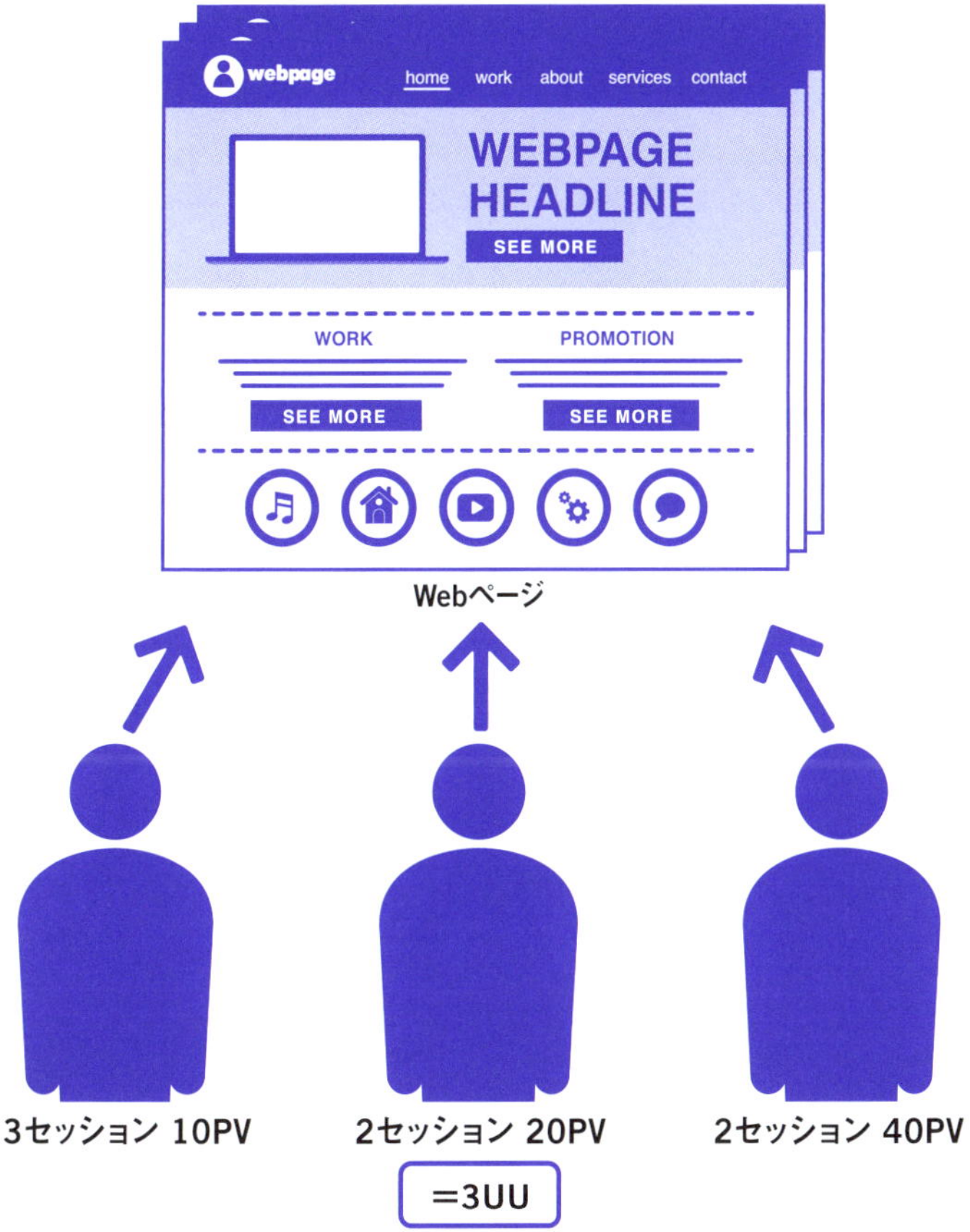

何回見られたではなく、何人が見たか

▼定期的にアクセスしているアクティブユーザ

　ＵＵではＷｅｂサイトを訪れたユーザの数を把握できますが、そのユーザが毎日１度はサイトを訪れる人なのか、数カ月に１回訪れる人なのかまではわかりません。そこで必要となる概念が「アクティブユーザ（ＡＵ）」です。

　アクティブユーザは、文字通りアクティブ、すなわちある程度頻繁に、あるいは定期的にサイトを訪れる〝活きた〟ユーザのことです。主に、繰り返し利用するユーザの多いＳＮＳ（ソーシャルネットワーキングサービスやアプリ）などで用いられます。ＳＮＳは、１日に１回から数回アクセスするユーザ、毎日とはいわないまでも１週間に１回から数回アクセスするユーザ、さらには１カ月に１回もアクセスしないようなユーザなど、さまざまなタイプの人が利用します。「アクティブ」の定義はそれぞれのサイトのスタイルや傾向によって異なりますが、**「１日に１回以上利用するユーザ」や、ケースによっては「１週間に１回以上利用するユーザ」をアクティブユーザと考えるのが一般的です**。

　このアクティブユーザの考え方をベースに、１日当たりのアクティブユーザ数を「ＤＡＵ（Daily Active Users）」とします。１週間当たりの場合は「ＷＡＵ（Weekly Active Users）」、月間単位なら「ＭＡＵ（Monthly Active Users）」です。会員制ＳＮＳでは登録している会員数よりも、実際に定期的にアクセスしているアクティブユーザ数のほうが、より有効なユーザの数を把握することができるでしょう。

アクティブユーザ

利用頻度の高いユーザ

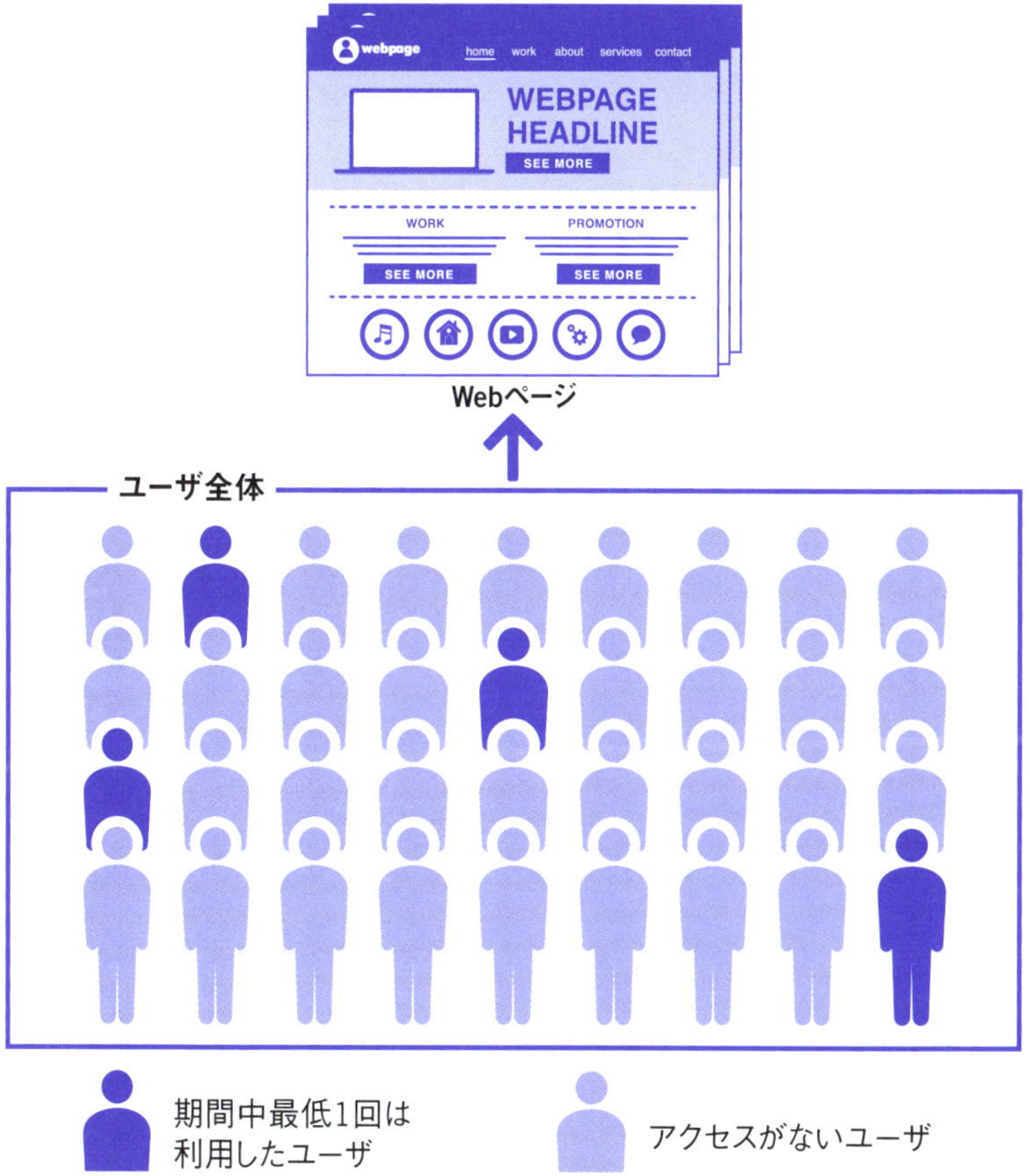

頻繁にアクセスしてくれる“活きた”ユーザ

2-04

バナーやリンクの効果がわかるＣＴＲ

表示された広告をユーザがクリックした率

▼表示回数＝インプレッション数の増加も重要になる

他のＷｅｂサイトに掲載したバナー広告や自社サイトへのリンクがどれほど有効に機能しているかを知ることは、Ｗｅｂマーケティングにおけるインターネット広告の戦略や戦術を考えるうえでもきわめて重要です。ネット広告の効果を測るうえで参考になる指標が「ＣＴＲ（クリックスルー率、Click Through Rate）」です。

ＣＴＲは、広告やリンクが実際にクリックされた回数（クリック数）を、広告やリンクが表示された回数（インプレッション数）で割った数値です。ＣＴＲの数値が高いということは、広告やリンクを見たユーザの多くが興味を持って反応していることになり、その広告やリンクが有効であると判断することができます。反対にＣＴＲが低い場合は、広告やリンクが有効に機能していないということになり、広告のメッセージや画像、デザイン、出稿方法などを再考する必要が出てくるでしょう。クリック数はもちろん大切ですが、それ以前に広告やリンクが表示される回数＝インプレッション数を増やすことがまず重要でしょう。

CTRとは何か?

広告や別のページが
どのくらいクリックされた?

$$\mathrm{CTR}=\frac{\text{クリック数}}{\text{表示数}}$$

〈例〉あるバナー広告が10万回表示されて、3,000クリックされた場合。

クリック数3,000÷表示数100,000
＝0.03　CTRは3%

その広告やリンクが有効かどうかの指標

2-05

成約数と成約率を測る指標

コンバージョン数とコンバージョン率

▼成約によって「潜在顧客」が「顧客」に変わる

ＣＴＲを高め、バナー広告やリンクから自社サイトに多数の人々を誘導することに成功したとしても、その人たちが自社サイトで「顧客」になってくれなければ、最終的な目標である売上増は実現できません。

Ｗｅｂマーケティングの世界では、サイトを訪れた人が実際に商品を購入したり、サービスに申し込んだり、会員登録したりといった一定の成果を出してくれることを「コンバージョン（Conversion）」といいます。コンバージョンは変換、転換といった意味ですが、要は潜在的な顧客が成約によって顧客に変わったことを指します。自社のＷｅｂサイトを訪れた潜在顧客が実際に商品購入やサービス申し込みなどの行動を起こし、成約に至った数が「コンバージョン数」です。このコンバージョン数をサイトやページを訪れたＵＵの数で割ることで、潜在顧客のうちどれくらいの人数が成約してくれたかを表す指標である「コンバージョン率（ＣＶＲ、Conversion Rate）」を算出することができます。

コンバージョン数&コンバージョン率

成約数と成約率

CVC（コンバージョン数）とCVR（コンバージョン率）

〈目的〉
例）EC サイトで物品を販売する

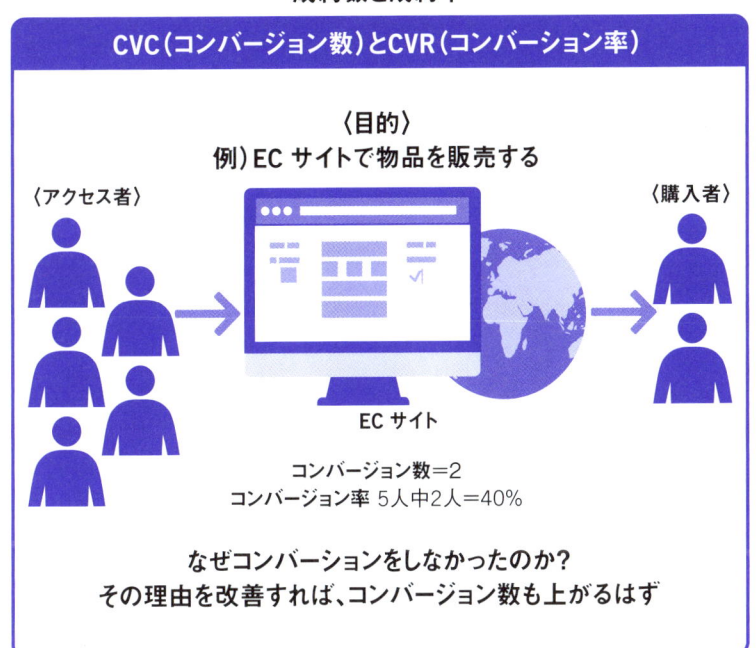

コンバージョン数＝2
コンバージョン率 5人中2人＝40%

なぜコンバージョンをしなかったのか？
その理由を改善すれば、コンバージョン数も上がるはず

▼コンバージョン数を上げるには

Ｗｅｂマーケティングでは、コンバージョン数を上げるのが目標のひとつになります。

いま仮に、Ｗｅｂサイトへの月間訪問者が１０００人で、コンバージョン率は３％だったとします。この場合のコンバージョン数は30（人）ですね。サイトへの訪問者数が同じだとすると、コンバージョン率を６％に上げることができればコンバージョン数は２倍の60人に跳ね上がります。あるいは訪問者数を２倍に増やせれば、コンバージョン率が変わらないとしてもやはりコンバージョン数を２倍にできます。

コンバージョン数を上げるには、

①サイトへの訪問者数を増やす。

②コンバージョン率を上げる。

の２つの施策が考えられます。

①については「検索キーワードを見直し、検索結果の上位に表示されるようにして訪問者数アップを図る＝ＳＥＯ対策」「ＳＮＳやブログを活用してクチコミを広げる＝ＳＭＭ、バイラルマーケティング」などが具体的な施策となります。

②の具体的な施策としては「商品の魅力をアピールし、クリックしたくなる効果的な広告を出稿する」「ユーザの興味をとらえるようにＷｅｂサイトの入り口ページを最適化する＝ＬＰＯ（ランディングページ最適化）」が効果的でしょう。

コンバージョン数の上げ方

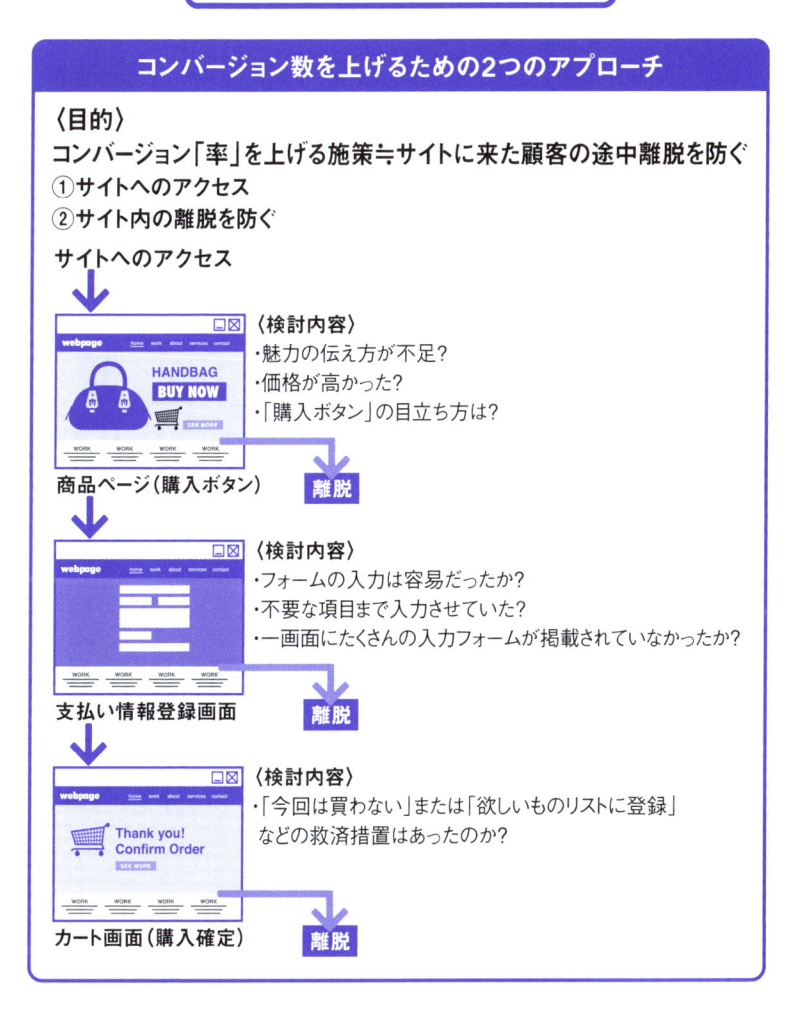

コンバージョン数を上げるための2つのアプローチ

〈目的〉

コンバージョン「率」を上げる施策≒サイトに来た顧客の途中離脱を防ぐ

①サイトへのアクセス

②サイト内の離脱を防ぐ

サイトへのアクセス

↓

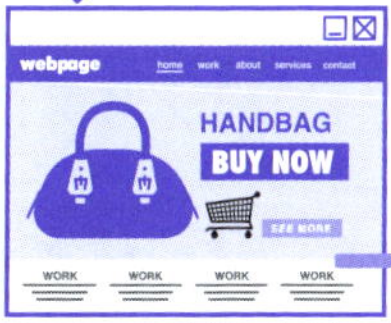

商品ページ(購入ボタン)

〈検討内容〉

・魅力の伝え方が不足?

・価格が高かった?

・「購入ボタン」の目立ち方は?

→ **離脱**

↓

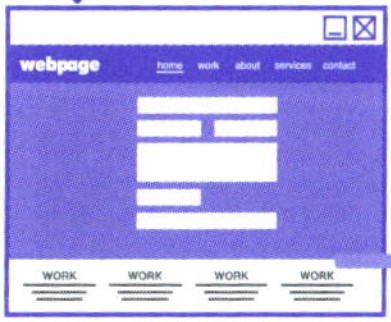

支払い情報登録画面

〈検討内容〉

・フォームの入力は容易だったか?

・不要な項目まで入力させていた?

・一画面にたくさんの入力フォームが掲載されていなかったか?

→ **離脱**

↓

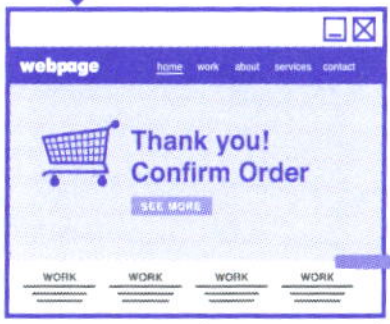

カート画面(購入確定)

〈検討内容〉

・「今回は買わない」または「欲しいものリストに登録」などの救済措置はあったのか?

→ **離脱**

2-06

離脱するユーザの割合を知る

直帰率・途中離脱率・サイト滞在時間・かご落ち率

▼コンバージョンの阻害要素を示す指標たち

Ｗｅｂサイトを訪れた人のすべてがコンバージョンを成し遂げてくれるなら、いうことはありません。しかし実際には、そううまくいくことなどありえないでしょう。

広告やリンク、検索エンジンなどから自社サイトまで誘導することはできた。ところが最初に訪れたページ（ランディングページ）から他のページに一切移動せず、そのままサイトから離れてしまった……こうした人の割合を「直帰率」といいます。また、ランディングページから他のページに移動はしたものの、結局購入や申し込みまでは進まず、途中でサイトから離れてしまう人もいます。こういう人の割合は「途中離脱率」といいます。直帰や途中離脱をする人は、必然的にそのサイトにとどまる「サイト滞在時間」が短くなります。興味を持ってサイトを訪れたにもかかわらず、目的を満たせなかったということでしょう。一方で、商品をショッピングカートに入れたにもかかわらず、結局購入せずにサイトを離脱してしまう人もいます。ＥＣサイト特有のこうした人の割合は「かご落ち率」といいます。

直帰率と途中離脱率、放棄率

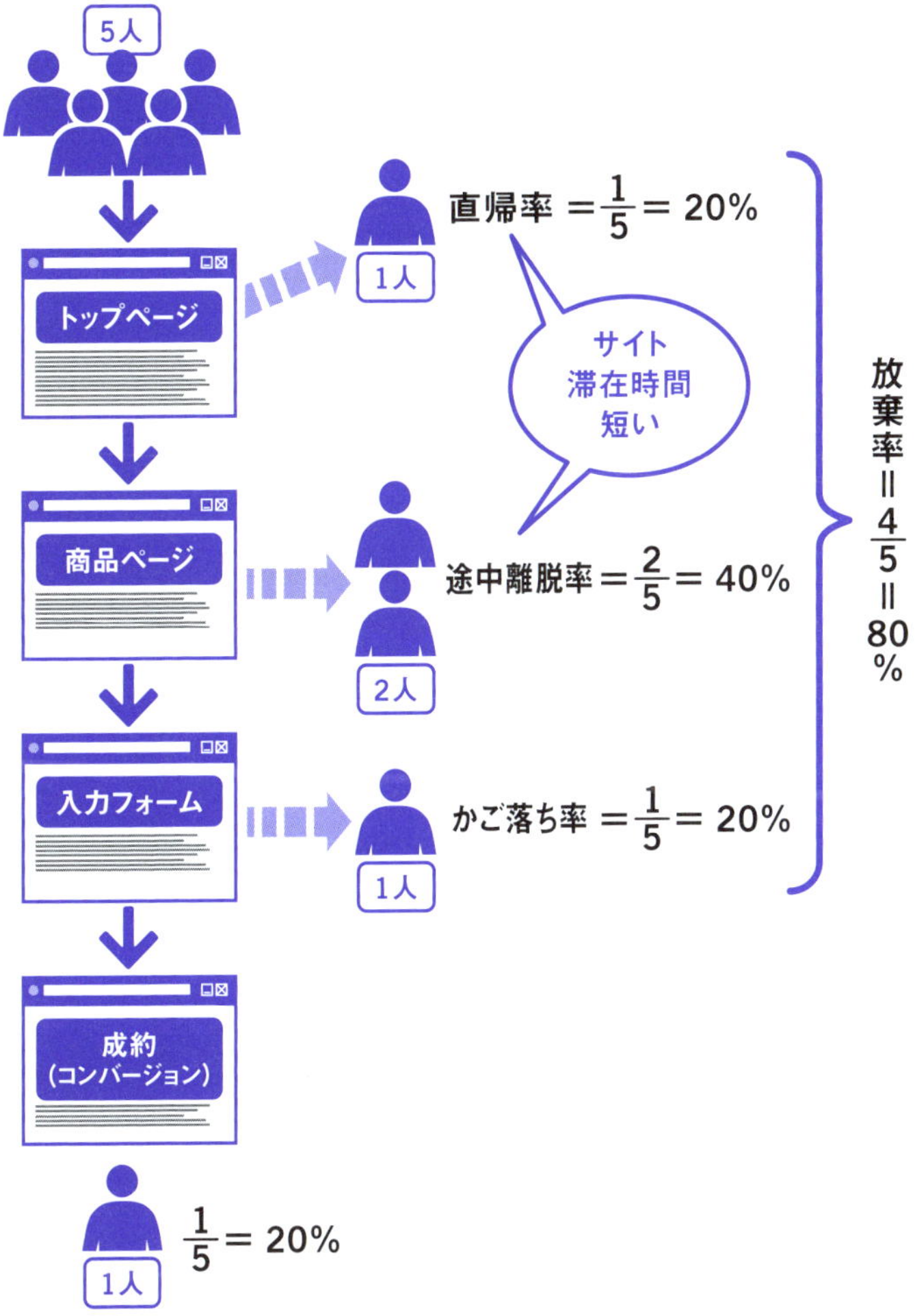

2-07

広告費の投資対効果(ROI)を把握する

CPOやCPAで広告を評価する

▼1注文当たりと1顧客当たりの獲得単価を知る

ＥＣサイトにおける「客単価」は、顧客が支払った金額の総額を顧客人数で割ることで計算できます。ＥＣサイトの売上高は、この客単価にコンバージョン率と来訪者数を掛けることで算出できます。つまり、客単価、コンバージョン率、来訪者数のいずれかを上げることができれば、売上は上がるわけです。Ｗｅｂの世界でサイトにユーザを集め、顧客として獲得するために、広告の果たす重要性がよくわかりますね。

広告を出稿するには当然ながら広告費が必要ですが、広告の有効性は常に検証しなければなりません。**広告費に対してどれほどの回収を得られたかを示す指標として「ROI(Return Of Investment)」があります。直訳すれば「投資対効果」です。**

ＲＯＩは「(広告に由来する利益－広告費)÷広告費×１００」の計算式で求められます(単位:％)。広告に由来する利益は「コンバージョン数×平均利益単価」で計算します。ＲＯＩの数値が高ければ、広告の費用対効果も高いということになります。

CPOとCPA

客単価の重要性

売上高は客単価×CV率×来訪者数で割り出せる。売上を伸ばす際の指標の1つとして重要

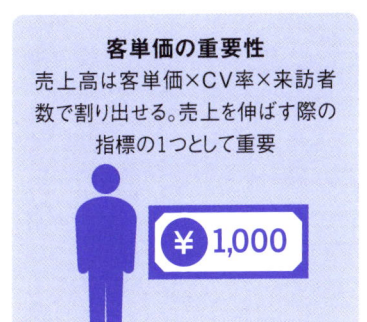

ROIとは?

Return Of Investmentの略で、広告費用に対する回収率。広告効果を見極める重要な指標

ROIの数値が高いと、広告効果も高い!

CPOとは?

Cost Per Orderの略で、注文獲得単価のこと。

CPO=広告費÷注文数

100万円の広告を出す
↓
100件の注文をもらう
↓
CPOは1万円

CPAとは?

Cost Per Acquisitionの略で、顧客獲得単価のこと。

CPA=広告費÷顧客数

100万円の広告を出す
↓
10人の顧客を獲得
↓
CPAは10万円

CPOとCPAは低いほうが効率が良い!

▼ＣＰＯとＣＰＡを計算してみる

広告への投資を評価する方法としては、ほかにも「ＣＰＯ（注文獲得単価、Cost Per Order）」や「ＣＰＡ（顧客獲得単価、Cost Per Acquisition）」などがあります。**ＣＰＯもＣＰＡも、広告費の費用対効果を評価するＲＯＩの一種です。**

ＣＰＯは広告費に対する注文数１件当たりの獲得単価（ひとつの注文を取るためにかかった広告費）、ＣＰＡは広告費に対する顧客１人当たりの獲得単価（顧客を１人得るためにかかった広告費）を表しています。いうまでもなく、この数字が低いほうが費用対効果は高いといえます。

ＣＰＯを具体的に計算してみましょう。計算式はきわめて簡単で、広告費を獲得注文数で割ることで算出できます。

たとえば１００万円の広告費をかけたのに対して、１００件の注文をもらったとします。この場合のＣＰＯ＝注文１件当たりの獲得単価は１万円ということになりますね。もしも同じ１００万円の広告費に対して２００件の注文があったなら１件当たりは５０００円ですから、費用対効果は高くなります。

一方のＣＰＡについても見てみましょう。こちらは、広告費を獲得顧客数で割って計算します。同様に１００万円の広告費に対して、１００人の顧客を獲得できたとすると、この場合のＣＰＡ＝顧客１人当たりの獲得単価はやはり１万円です。

▼コストを軸に広告費を考えるさまざまな方法

ＣＰＯやＣＰＡは、広告費という「コスト」を軸にＷｅｂマーケティング施策を評価する考え方です。**同じようにコスト（単価）を基準にした考え方には、ＣＰＯ、ＣＰＡ以外にもＣＰＲ、ＣＰＣ、ＣＰＭなどさまざまなものがあります**。

「ＣＰＲ」はCost Per Response、つまり問い合わせや資料請求なども含めた何らかのレスポンスを得るまでにかかった１人当たり単価です。まだ潜在顧客の段階ですがこのようなアクションを起こしてくれたことで、顧客になってくれる可能性があります。

「ＣＰＣ」はCost Per Clickの略です。広告やリンクのクリック１回当たりの広告費のことで、「クリック単価」といわれることもあります。インターネット広告は、クリックされた回数に応じて広告費がかかるもの、インプレッション数（表示された回数）に応じて広告費がかかるものなどいくつかの課金形式がありますが、このうち広告のクリックでコストが発生するタイプのものがＣＰＣです。

一方、インプレッション数でコストが発生するのが「ＣＰＭ」（Cost Per Mill）です。Millはラテン系言語で１０００を意味しますが、ＣＰＭは１０００インプレッション当たりの広告費の単価を表します。このほか「ｅＣＰＭ」（effective Cost Per Mill）というものもあります。ｅＣＰＭは、ＣＰＣなど他の課金形式の広告をＣＰＭに変換し、１０００インプレッションに対してのコストとして算出するものです。

2-08

KPIで進捗状況を計測する

プロセスを定量的に評価することで前進できる

▼大目標に至るまでの道筋に置く評価指標

業務管理に関する用語に「KPI」があります。これは「Key Performance Indicator」の略で、日本語では「重要業績評価指標」と呼ばれます。

いま、仮に「年間の売上を1億円アップする」という大きな目標があったとします。この目標に対して、「売上1億円アップを目指しなさい！」と各部署にハッパをかけたからといって、まずうまくはいきませんね。そんなことを言われても、「ならばまず何をどうすればいいんだ」と、スタッフは気が遠くなるだけでしょう。

では、どうすればいいのか。売上1億円アップという年間の最終目標への到達に至る道筋として、目で見て評価できるWebマーケティング施策、たとえば「CTRの改善」や「コンバージョン率の向上」「客単価のアップ」といった取り組みを実行し、見込み通りの効果を上げているか達成度をその都度評価しながら進めていくことで、最終目標に向かって着実に前進していくことができるわけです。

KPIとは

KPI ＝ Key Performance Indicator
重要業績評価指標

目標
例）売上1億円

KPI
例）アクセス100万UU
以上CVR1%以上
顧客単価1万円以上

現在

目標達成の
度合いを図るための
指標がKPI

目標と現在をつなぐ評価指標
として重視されている

KPI設定のポイント

目標達成に影響のある指標で、できるだけカウントしやすい指標を設定するのがポイント

業務によりKPIは
異なるので注意しよう

もしKPIがなかったら?

目標に向かって、効果のある施策ができているか、不明になる

↓

効率よく目標達成が
できない!

▼具体的数値・時期を設定するプロセスマネジメント

このように、大きな目標に至るプロセスがきちんと実施されているか、具体的に成し遂げるべき数値を設定して、定量的に測るための指標がＫＰＩです。いわばＫＰＩは、目標達成に向けた進捗状況を把握するための目安であるともいえます。

Ｗｅｂマーケティングにおける ＫＰＩの設定は、どのように行えばいいのでしょうか。まず理解しておかなければならないことは、ＫＰＩは「ゴール」ではないということです。**あくまでも、目標に向けた業務プロセスにおける各施策の実施状況を数値でモニタリングする、〝プロセスマネジメント〟としての指標であることを確認しておきましょう。**

つまり、ＫＰＩとして「ゴール」を設定したり、数値で測れない漠然とした目標（たとえば「ブランドイメージの確立」「商品の魅力を浸透させる」など）を設定したりすることは、そもそも方法論として適当ではないということです。

たとえばＥＣサイトの売上をアップするという目標の場合は、「訪問者数（ＰＶ、セッション数、ＵＵなど）」「登録会員数」「コンバージョン率」「広告費単価」「直帰率・途中離脱率」などをはじめ、ＫＰＩとして設定できる指標が数多くあります。「ＰＶを20％アップする」「コンバージョン率を10％改善する」「離脱率を5％減らす」といった具体的数値を達成すべき時期（期間）とともに設定し、プロセスマネジメントをしっかり行いながら進めていきましょう。

▼カウントしやすい指標を設定するのがポイント

Ｗｅｂサイトからの資料請求をアップするケースを例に考えてみましょう。現在の月間訪問者数が1万、そのうち資料を請求するユーザ数が５００人だったとします。1万のうちの５００なので、コンバージョン率は5％ですね。この場合、訪問者数を1万５０００に増やせば資料請求するユーザ数は７５０に増えます。あるいは訪問者数1万のまま、コンバージョン率を７・５％にアップさせることでも７５０人になります。**このように、目標達成に向かって影響があり、かつカウントしやすい指標をＫＰＩに設定することで、施策の効果もはっきりつかむことができます**。

ＫＰＩは、業種や目標によって異なります。「企業のブランディングサイトの構築」を目標として設定するケースなどでは、定量的な業務プロセスを描きにくい部分もあるかもしれません。しかしながら効率的な業務進捗を確保するためには何をすべきかを考え、ＰＶ、ＵＵ、コンバージョン率などの具体的数値をＫＰＩとして設定してモニタリングを行うという部分では変わりません。どのような指標をＫＰＩとして設定するかが重要です。

なお、前ページで「ＫＰＩとしてゴールを設定したり、数値で測れない漠然とした目標を設定することは方法論として間違っている」と書きました。ゴールや目標は、ＫＰＩではなく「ＫＧＩ（Key Goal Indicator、重要目標達成指標）」を用いるのが適切です。よって、ＥＣサイトにとっての売上アップといった目標はＫＧＩになります。

事例②

ショーケース・ティービーのアクセス解析

アクセス解析に必要な指標データを把握する

▼サイトを訪れたユーザの数や動きをチェック

アクセス解析の事例を紹介しましょう。ここではショーケース・ティービーのＷｅｂサイトのトップページに関する解析結果を取り上げます。

左ページに掲載したGoogleアナリティクスの「ユーザーサマリー」の図版を見ると、時間軸でのセッション数の推移に加えて、「セッション数」「ユーザー数」「ページビュー数」など、アクセス解析において必須となる指標のデータを確認できます。

この例では、指定した期間内にサイト内を一定時間回遊した数を表すセッション数が１５８２８、そのセッションでページが閲覧された数であるページビュー数（期間内総数）が４７３０３であることがわかります。

1回当たりのセッションで見たページビューは2・99で、1セッションの平均的なサイト滞在時間は3分8秒です。ユーザ数のうち新規ユーザが53・8％と半数以上を占め、46・2％がリピーターです。また、半数以上の56・45％がサイトを回遊せずトップページから直帰（離脱）したことを表しています。

解析ツールを使ってサイトの現状と課題を知る

Google Analyticsのユーザーサマリー

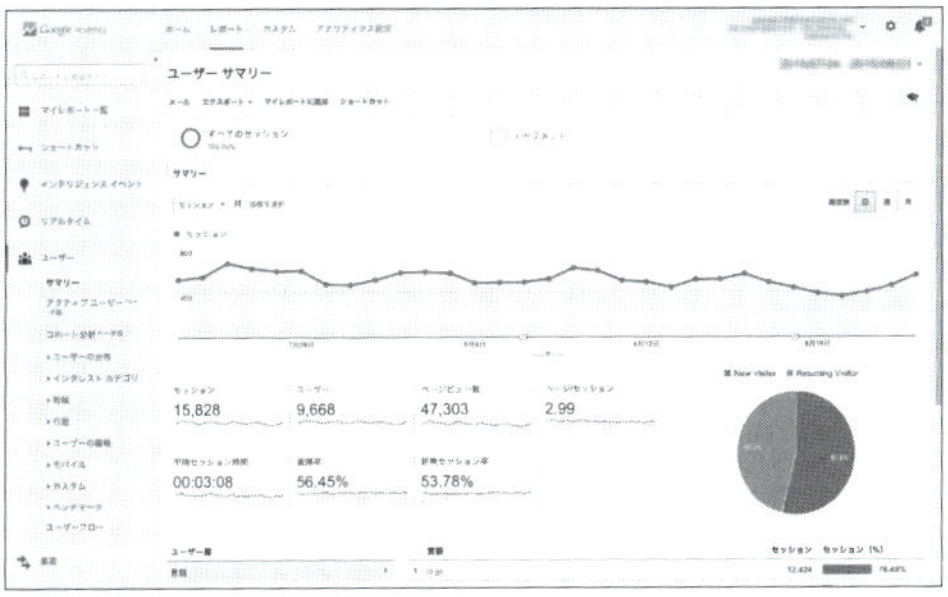

1セッションの平均滞在時間、新規ユーザとリピーターの割合、直帰率などがわかる

Google Analyticsの集客サマリー

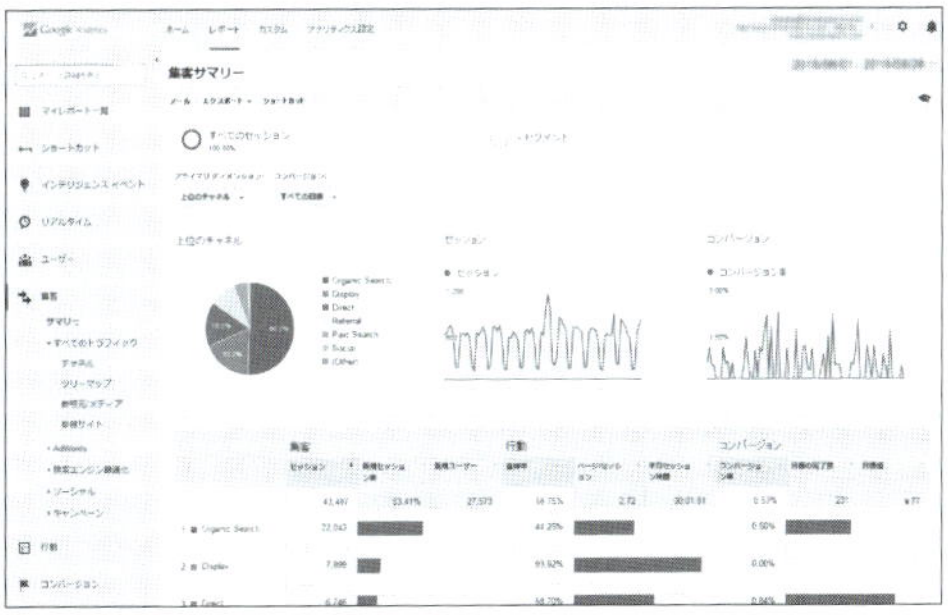

アクセスしたユーザのアクセス元やコンバージョン率などがわかる

解析ツールを使いこなしてサイトの改善に役立てよう

▼アクセス方法によるコンバージョン率などを分析

続いて、Googleアナリティクスの「集客サマリー」というレポートの画面を見てみましょう。この図版では、ショーケース・ティービーのサイトにアクセスしたユーザのアクセス元やコンバージョン率などを確認できます。

まず画面上部には、セッション数とコンバージョン率の推移を示す折れ線グラフが表示されています。左にある円グラフは、ショーケース・ティービーのサイトにどのような方法でアクセスしたかを表します。円グラフに表示されている言葉の意味は以下の通り。

- Organic Search…GoogleやYahoo!など、いわゆる検索サイトの自然検索からのアクセス（検索連動型広告からのアクセスは除く）
- Display…GoogleやYahoo!のディスプレイ広告からのアクセス
- ダイレクト…パソコンやスマートフォンのブックマークやURL直接入力などからのアクセス
- リファラ…一般的なリンクからのアクセス
- 検索連動広告…検索連動型広告からのアクセス
- ソーシャル…FacebookなどSNSからのアクセス

下段では、それぞれのアクセス方法で訪れたユーザのセッション数や新規セッションの割合、直帰率、平均セッション時間、コンバージョン率などがわかります。

第３章

集客／キーワードで人を集める

3-01

SEO（検索エンジン最適化）とは

検索結果の上位に自社サイトを表示させる

▼エンジンの仕組みを知りアルゴリズムを最適化

「ＳＥＯ（Search Engine Optimization）」という言葉は、ここ10年ほどの間でポピュラーになりました。日本語にすると「検索エンジン最適化（サーチエンジン最適化）」の意味になります。ＳＥＯを簡単に説明すると「ユーザがGoogleやYahoo!などの検索エンジンで自社に関係のある言葉を検索した際、検索結果の上位に自社のサイトが表示されるように対策を行うこと」となります。世の中にはまさに無数のＷｅｂページがあるわけで、その中からユーザが自社サイトに自然にアクセスしてくれる可能性はかなり低いと言わざるをえません。しかしながら、もしも検索結果の上位に自社サイトを表示できれば、ユーザがそれを見つけてアクセスする可能性は飛躍的に高まり、結果的に売上アップにつながります。

検索結果の上位に表示されるのはなかなか困難なことなのですが、検索エンジンのアルゴリズム（順位を決定するための計算式）にマッチするようなページ作成を心がけることでそれが可能になります。

SEOとは

SEO ＝ Search Engine Optimization
サーチエンジン最適化

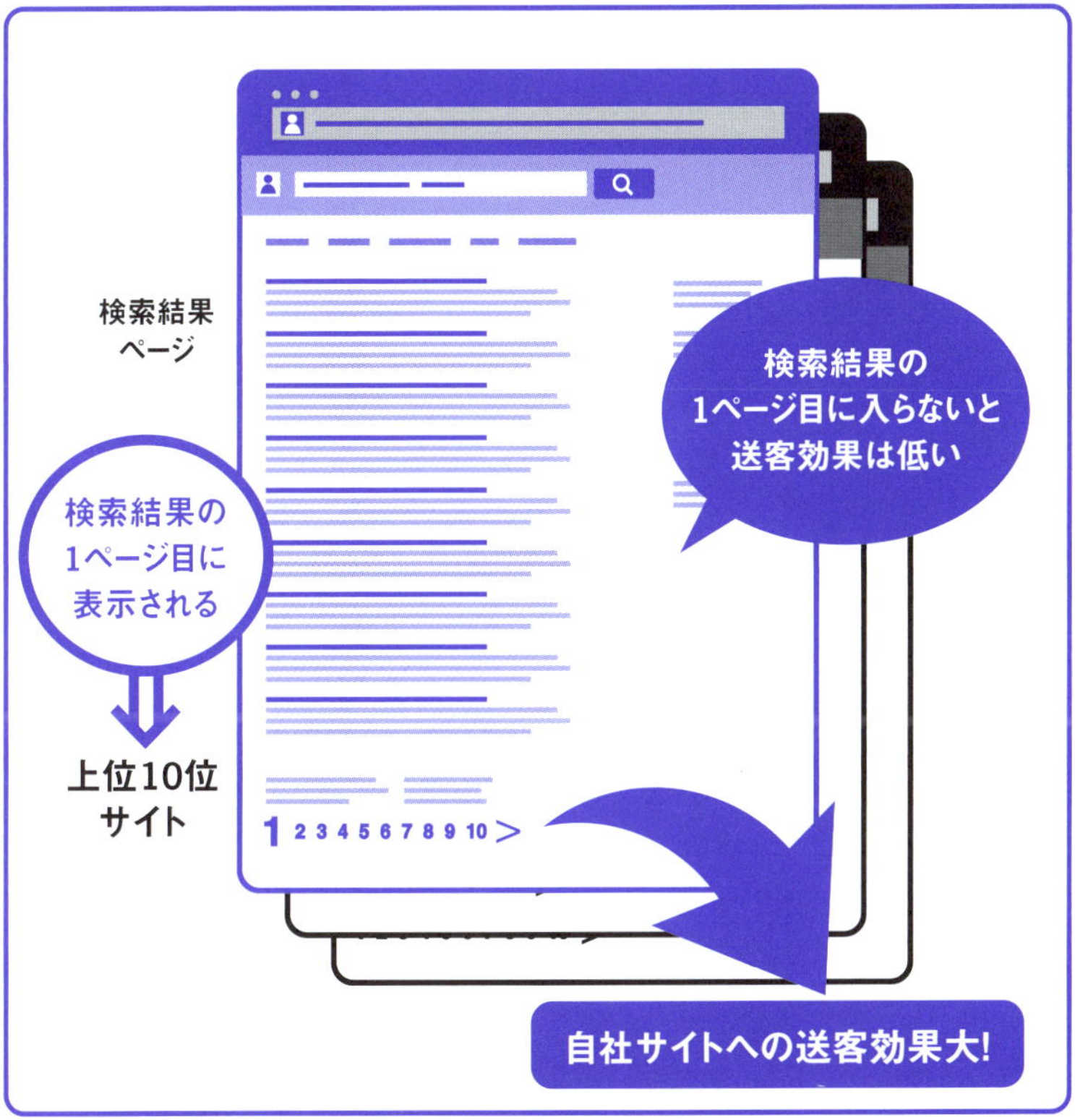
検索結果
ページ
検索結果の
1ページ目に
表示される
上位10位
サイト
検索結果の
1ページ目に入らないと
送客効果は低い
1 2 3 4 5 6 7 8 9 10 >
自社サイトへの送客効果大!

検索結果で上位に表示されることで集客効果が高まり、
売上アップの可能性が高まる

3-02

自然流入とリスティング広告

検索キーワードをアクセスにつなげる2つの方法

▼ユーザの興味に結びつけて自社サイトへ誘導する

ユーザが自社のＷｅｂサイトにアクセスしてくるきっかけにはいくつかのパターンがあります。代表的なケースは2種類です。ひとつは、ユーザが興味のあるキーワードを検索した結果、自社サイトが表示され、そこからアクセスしてくるパターン。もうひとつは、やはり興味を持つキーワードを検索した際、検索結果画面の上部や右側に検索連動型広告が表示され、そのリンクをクリックしてアクセスしてくるパターンです。

まず前者を「自然流入」と呼びます。一方の後者は、検索キーワードに関連性の高い広告を表示する仕組みで「リスティング広告」ともいいます。リスティング広告は、ユーザが興味を持つキーワードに関連した広告であるためユーザを自社サイトに誘導しやすく、広告主のコントロールも利きやすいというメリットがあります。

いずれのケースでも検索エンジンに対してマーケティングを行うためＳＥＭ（Search Engine Marketing）と総称されることがあります。

自然流入とリスティング広告

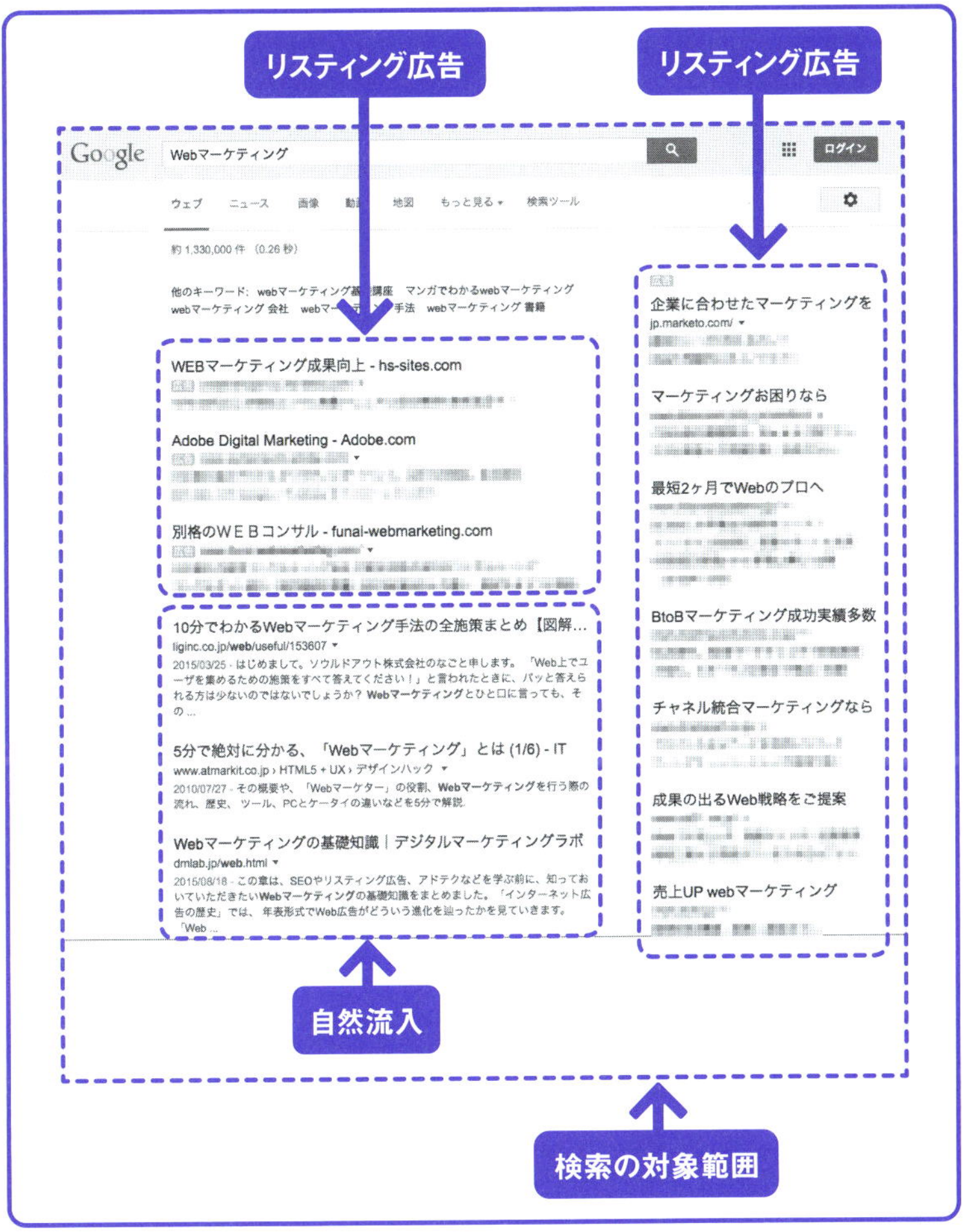

3-03

検索結果に影響を与える要素

キーワード濃度・被リンク数・タイトル・ディスクリプション

▼ページランクを意識した施策のために

自社サイトが検索結果の上位に表示されるようにするには、検索エンジンのアルゴリズムに基づいて決定される「ページランク」（検索エンジンが決定する重要度）を上げる必要があります。検索エンジンに高く評価される要素としては次のようなものがあります。

- キーワード濃度…ページに登場するキーワードの頻度。濃度が高いキーワードほど、その言葉で検索されたとき上位に表示されやすくなる。
- 被リンク数…他のページからリンクされている数。被リンク数が多いページのほうがページランクは上がりやすい。
- タイトル…タイトル部分に含まれるキーワードは検索エンジンで重視されるため、ページランクが上がりやすい。
- ディスクリプション…検索結果に表示されるページの紹介文のこと。この中のキーワード濃度が高いとページランクが上がりやすい。

検索結果に影響を与えるもの

タイトル数

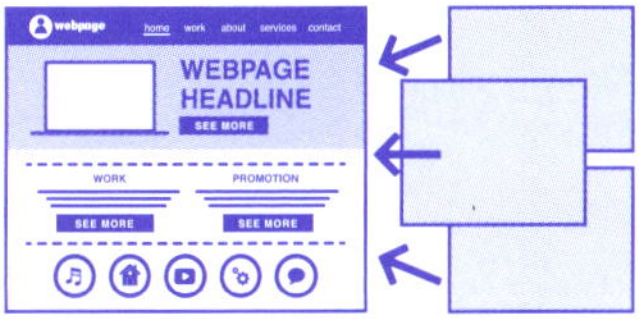

タイトルに入らないキーワードは検索上位になり得ない。タイトルに含まれるワードがページの評価を決める。

キーワード濃度

キーワードを含めた高品質のコンテンツの専門性や正確な情報、網羅性が評価される。

関連記事の数と各記事評価

専門的で良質なページだと検索エンジンに評価させるには、関連するページも良いコンテンツであることが求められる。

構造化

サイト全体の構造が、情報にアクセスしやすいなどの配慮があり、デバイスごとの対応がされているほうが評価されやすい。

ディスクリプション

ディスクリプション中のキーワード濃度が高いと、ページランクが上がりやすい。

5つの要素を念頭にページを構成して、ページの品質アップを狙う

3-04

大切な検索キーワード選定

ビッグワードとスモールワード

▼検索されやすい語か、成約に結びつきやすい語か

リスティング広告では、検索キーワードの選定がきわめて重要になります。選ぶ言葉によってクリック数やコンバージョン数、クリック単価がはっきり異なってくる傾向があるからです。言葉の性質をしっかり押さえたうえでのキーワード選定が必要となります。

キーワードを性質から見た分類として「ビッグワード」「スモールワード」があります。

ビッグワードは検索される回数が多いワードです。大きなジャンル、カテゴリーを表す言葉（たとえば「自動車」「旅行」「野球」）は、それだけ多くの人が検索キーとして用います。しかしリスティング広告で使うには競争が激しすぎ、当然、検索結果の上位に表示するなら広告費も高くなるでしょう。

一方のスモールワードは、製品・サービスの具体名や固有名詞など、限定した言葉です。ビッグワードに比べれば検索される回数は圧倒的に少ないのですが、そのぶん広告費は安く済み、目的を絞った検索であるためコンバージョンに結びつきやすい特徴もあります。

キーワード選定

ビッグワード

月間の検索回数が非常に多いキーワードをさす。（一般的には10,000回／月以上～）

●利点

・検索される回数が多いため集客に強い

●欠点

・競争が激しく、上位表示が困難
・ビッグワードは曖昧な目的での流入ユーザーが多いため、コンバージョン率は低い
・検索連動型広告の広告出稿費は高額になりがち

ビッグワードの例

自動車
SNS
パソコン
スマートフォン
タブレット
ゴルフ
野球
サッカー
保険
銀行

スモールワード

月間の検索回数が1,000回／月未満のキーワードをさす。

●利点

・スモールワードは具体的なキーワードでの流入ユーザーが多いため、コンバージョン率は高い
・検索連動型広告の広告出稿費は安価
・ビッグワードよりも競争が少なく、上位表示が狙える

●欠点

・検索される回数が少ない

スモールワードの例

ハイブリッドのAWS
富士山の水
iMacの電源
iPhoneのフィルム
iPadのケース
△△ゴルフコース
□□野球場
◇◇サッカー場
○○損保
××銀行

3-05

内部施策と外部施策

検索結果上位に掲載されるための工夫

▼Webページを最適化し評価を高める

ＳＥＯを効果的に実行するには、検索エンジン向けにＷｅｂページを最適化し、一方で外部のページからリンクをたくさん集める（被リンク数を増やす）という両面の施策が必要です。**前者の検索エンジン対策を「内部施策」、被リンク対策を「外部施策」と呼びます**。ともに、検索エンジンにサイトが高く評価され、ページランクを上げるための取り組みです。

内部施策は、検索エンジンのロボット（Ｗｅｂを巡回して検索データベースを作成するプログラム）が自社サイトの要素を的確に理解できるようにキーワードを選定し、ＨＴＭＬのタグ（<title>、<h1>、<alt>など）を最適化します。

対する外部施策は、サイトが外部のページから数多くリンクされている状態を実現するのが目的です。一般的に、検索エンジンは被リンク数の多いサイトを高く評価するからです。すでに検索エンジンから高い評価を得ている外部サイトからのリンクが含まれていれば、自社サイトの評価もさらに高まる傾向にあります。

内部施策と外部施策①

内部施策

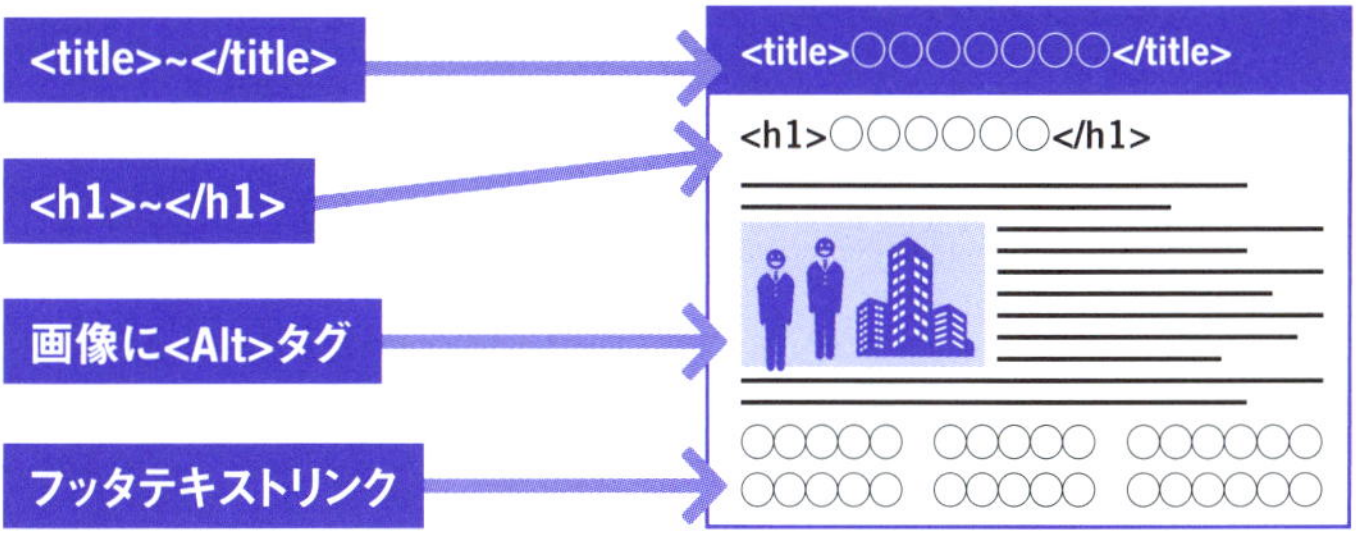

重要なSEO内部施策

■自社サイトのHTML側でできる施策

1. titleタグ

「対策キーワードは含まれているか」「特定のキーワードが過剰に含まれていないか」「検索結果画面で途切れない文字数かどうか」「ページまたはサイトコンテンツを適切に表現する、魅力的な文言になっているか」「対策キーワードが文章の前方に置かれているか」

2. h1タグ

「ページ内容をテキストで端的に表しているか」「対策キーワードが含まれているか」「特定のキーワードが過剰に含まれていないか」「見出しとしての役割を果たしているか」「ページ固有のものになっているか」

3. altタグ

「特定のキーワードが過剰に含まれていないか」「画像が表す内容を適切に言語化した文言であるか」

4. フッタテキストリンク

「主要なページにリンクしているか」「ナビゲーションが必要なページに設置されているか」

5. その他（strongタグなど）

「特定のキーワードが不自然に囲まれていないか」「過剰に使用されていないか」

・頻繁な更新を行う（最低でも月2回）
・平易でわかりやすい文章で説明している
・リンク先やURLに間違いがない
・パンくずリスト、メニューリスト、目次などが統一されている

▼キーワード・ＨＴＭＬ対策と被リンク対策が重要

まずは自社のＷｅｂページを最適化する内部施策。**これは大きく分けると、①「キーワード対策」、②「ＨＴＭＬ対策」の2つの方向性があります。**

ここまで見てきたように、自社サイトがアクセスされる可能性を高め、コンバージョンに結びつけるためにも、キーワード選定は大変重要です。効果的なキーワードをページのタイトルやディスクリプションに含めるのは最低条件でしょう。キーワードはランディングページを際立たせるため、他のページと重複しないものを選ぶ手法もあります。

ＨＴＭＬについては、先ほど挙げた<title>、<h1>、<alt>などのタグを適切かつ有効に使うことが前提です。一般的に検索エンジンのロボットは<title>、<h1>、<meta>、<strong>といったタグを重要視するので、ロボットに拾ってほしいキーワードはこれらのタグで囲むといいでしょう。また、ロボットは画像自体を認識できません。そこで画像の説明を書き込む<alt>タグも活用しましょう。

一方の外部施策は、外部からの被リンク数とリンクの質を高めることに注力します。その際には、後述するペナルティを避けるため、いかにもＳＥＯ対策に見えてしまう不自然なリンクは排除するのが得策です。自社サイトと関連性の深いページや、すでに検索エンジンから高い評価を得ているページ、長期間運営されユーザの定評もあるページからのリンクを獲得することで、検索エンジンに効果的にアピールすることができます。

内部施策と外部施策②

外部施策

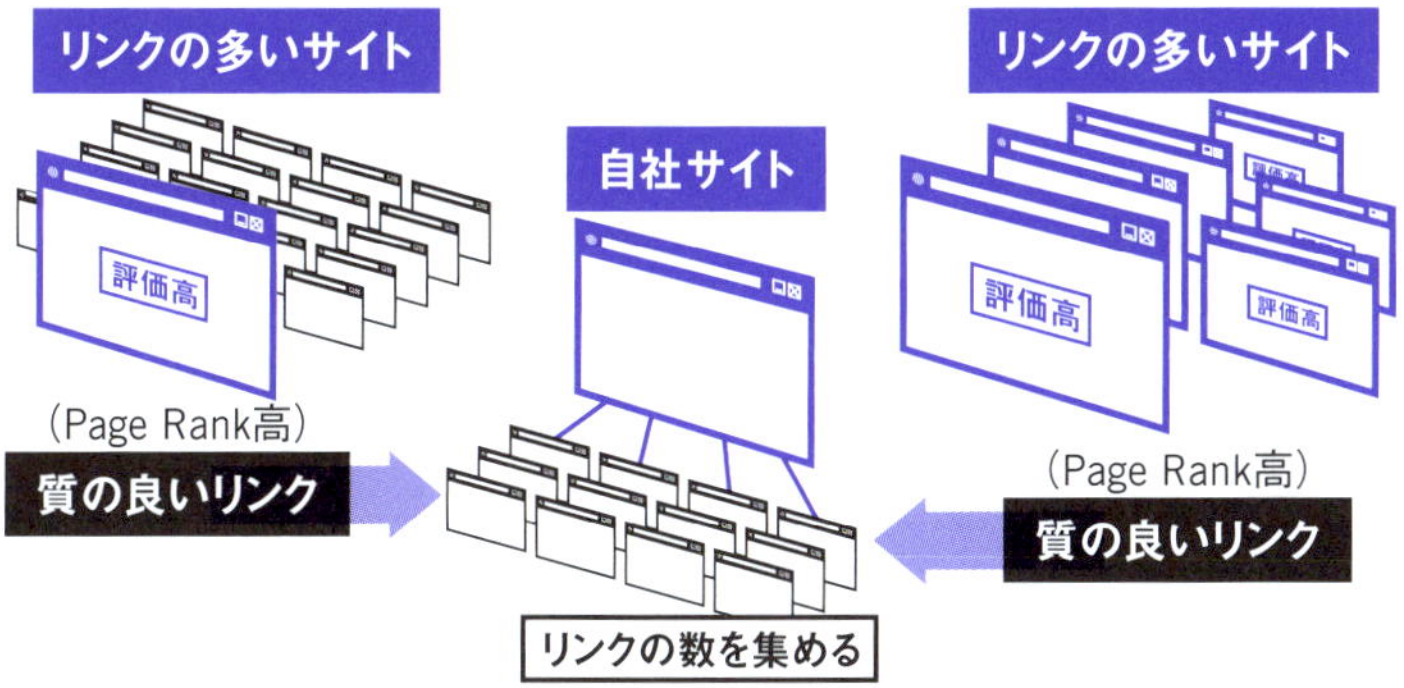

■自社サイトのHTML側でできる施策

1. 外部リンクの獲得

関連性の高いページからのリンク、評価（ページランク、オーソリティサイト）の高いページからのリンク、リンク元ページの発リンク数が少ないリンク

2. ディレクトリ登録

あまり意味がない

3. プレスリリース配信

SEOには無関係だが、情報拡散の可能性あり

4. サテライトサイト作成

本体サイトの一部のコンテンツ（テーマ）に絞ってサテライトサイト制作、本体サイトのテーマを広げてサテライトサイト制作

5. その他

・ソーシャルサービスと連動してサイトの評価を集める
・他のブロガーや協業会社と連携した情報発信
・プレスリリースサービスなどで継続的に情報を発信
・メルマガ会員やアプリ会員を募集し、ユーザとのオリジナルな接点を持ち、集客手段を広げる

3-06

ＨＴＭＬの記述ポイントとロボット対策

ロボットが読み取りやすいＨＴＭＬを書く

▼タグのルールと使い方にも注意

内部施策を充実させ、検索結果の上位に表示されるようにするにはＨＴＭＬの的確な記述が何より必須です。**Ｗｅｂを巡回して各ページを評価し、検索エンジンのデータベースを作成するプログラム（ロボット）が、ページの情報を読み取りやすくするためです。**

たとえばロボットがある出版社のトップページを巡回した際、まず出版社名をキーワードとしてロボットに記録してもらいます。その下層のページにおいては、ビジネス書を掲載するページでは「ビジネス書」、新書のページでは「新書」、文庫本のページでは「文庫」といったキーワードをそれぞれロボットに記録してもらうことで、検索結果に反映させます。

さらに各ページの内容を表すキーワードも、ＨＴＭＬ（ＸＨＴＭＬ）やＣＳＳ（Cascading Style Sheets、ページのスタイルやデザインを指定する言語）で定められた記述ルールに則り、キーワードを際立たせるタグの使い方を意識するなど、ロボットが読み取りやすいページ作りを心がけましょう。

HTMLの記述と検索ロボット対策

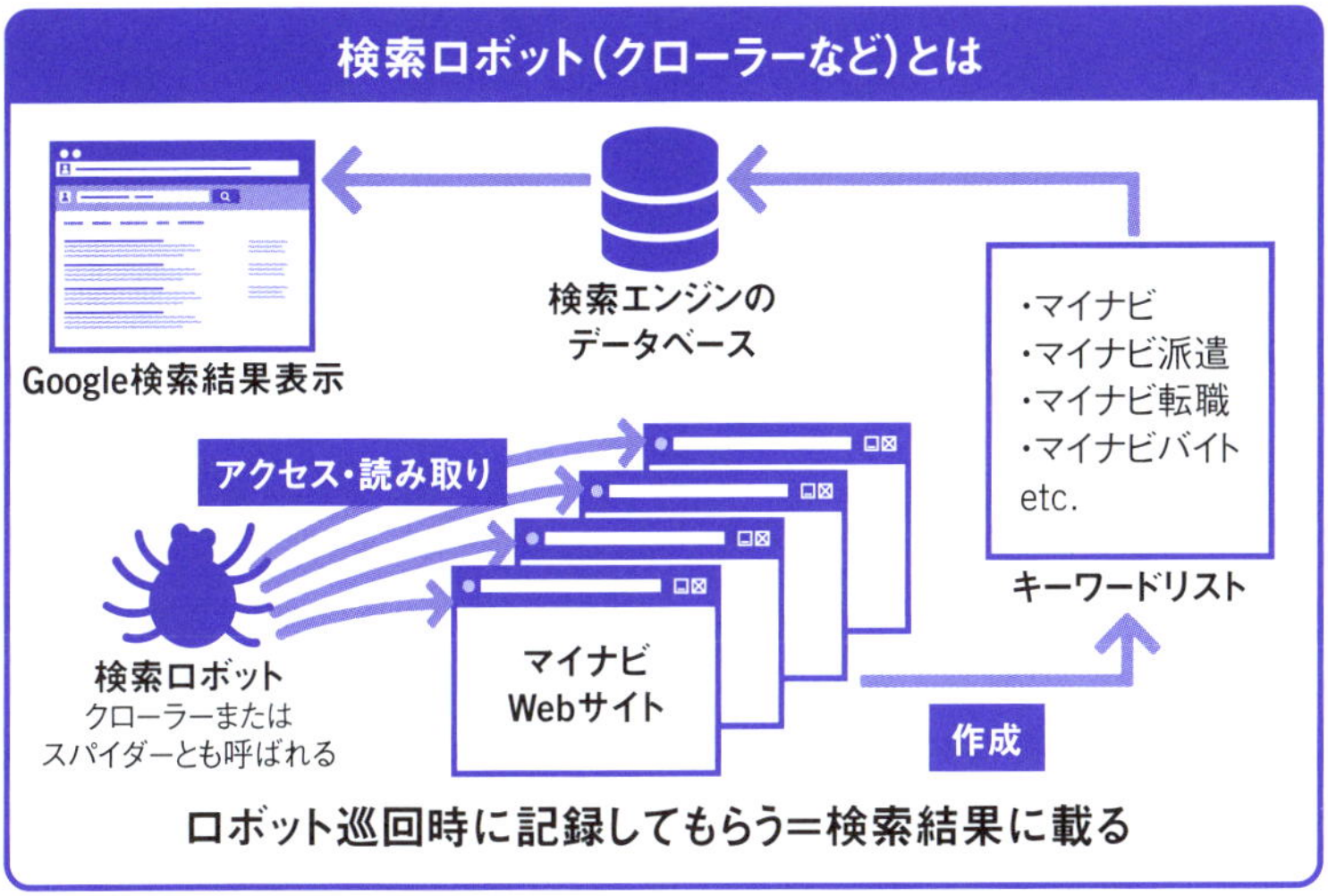

ロボット巡回時に記録してもらう＝検索結果に載る

html側の対策(ロボットが読みやすいHTML)

- HTML＋CSS、W3Cの記述ルールを守る
- コンテンツはHTMLで。デザインはCSSに分離して記述する
- h1～h6は適切に使用する
- 文脈に関係ないemやstrongは重視しない
- 検索エンジンのためだけの非表示要素はHTML内に記載しない。ペナルティ要素になる

その他、できることはまだたくさん…

3-07

スマホ対応のページを準備する

ＨＴＭＬファイルの共用で効率と更新忘れを防止

▼スマホで見やすく扱いやすいページを作成

昨今のＷｅｂ施策では、スマートフォン向けに最適化したページの作成も欠かせない要素となっています。パソコン向けに加えてスマホ向けページも作成する際、それぞれを一から作成するのでは時間がかかりますし、更新時にも両方を別々に修正するのは非効率。パソコン向けだけ更新してスマホ向けの更新は忘れた、などという事態も起こりえます。

そこで、大元のＨＴＭＬファイルはパソコン向けページとスマホ向けページで共用し、スタイルのみをパソコン向け・スマホ向けそれぞれのＣＳＳで規定することで、効率の追求と更新忘れ防止の双方を実現できます。

スマホは画面が小さいので、パソコン向けページに比べると一度に表示できる情報量がどうしても少なくなります。画面上のリンクをタッチしやすくするなど、スマホに特化した配慮も必要となるでしょう。また、スマホは機種によって画面のサイズ（縦横比）が異なるので、十分な検証を経たうえでさまざまなスマホに対応する作業が求められます。

スマホ対応とSEOの関係

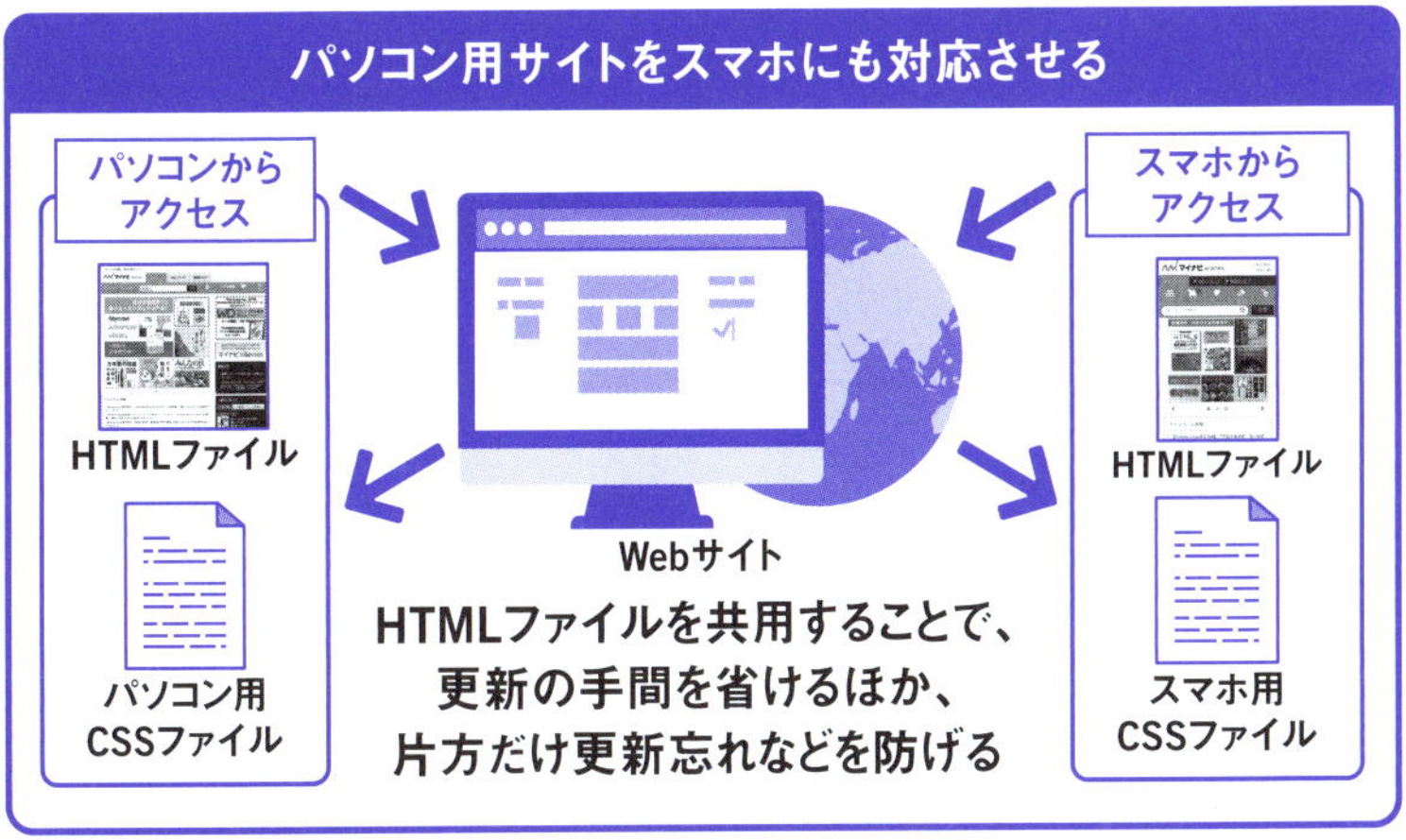

スマホ対応の注意点

スマホごとに画面の縦横比が違う

・それに加えて、タブレットは横持ちで使う人も多いため、さまざまな検証が必要
・画像のサイズ指定は、画面幅との相対値指定に

一度に表示できる情報量が少ない

・パソコン用サイトに比べてバナー広告を減らすなど、画面面積に応じて情報量を絞り込まないと、使いづらいサイトに見えてしまう

リンク領域は大きくするよう意識

・パソコン用サイトと比べて指でクリックするスマートフォンでは、リンク判定が小さいとミスタッチが増え、ストレスを与えてしまう
・Googleモバイルフレンドリーに対応している

スマホならではの表現を記述する

・電話番号を認識するタグなど、パソコンで閲覧した時には無視される、スマートフォン専用のタグを意識的に使うようにする

3-08

ペナルティに注意する

行き過ぎたSEO対策はかえって損をする

▼〝やりすぎ〟を排除した賢明な対策を

ＳＥＯ対策は、ただやみくもに実行すればいいというものでもありません。ＳＥＯが注目されるようになって以降、とにかく検索エンジンの上位に表示されることのみをめざし、無法ともいえるような度を超えたＳＥＯ対策が流行した時期もありました。

かつてよく行われたＳＥＯ対策としては、ロボットに拾ってほしいキーワードを過剰に詰め込んだり、表示される広告の数が明らかに多すぎるといったものがありました。また、表面的には見えないもののＨＴＭＬ内にキーワードを多数記述する〝隠しテキスト〟や、ユーザが閲覧するページ以外にロボット検索向けページの作成、リンク数により評価を高めるためにお金を払って多くのリンクを獲得するような施策も行われてきました。

これを受けて現在では、限度を超えるSEO対策が施されたページについては検索結果の表示順位を下げられたり、検索インデックスから削除されたりといったペナルティが科せられる場合もあります。

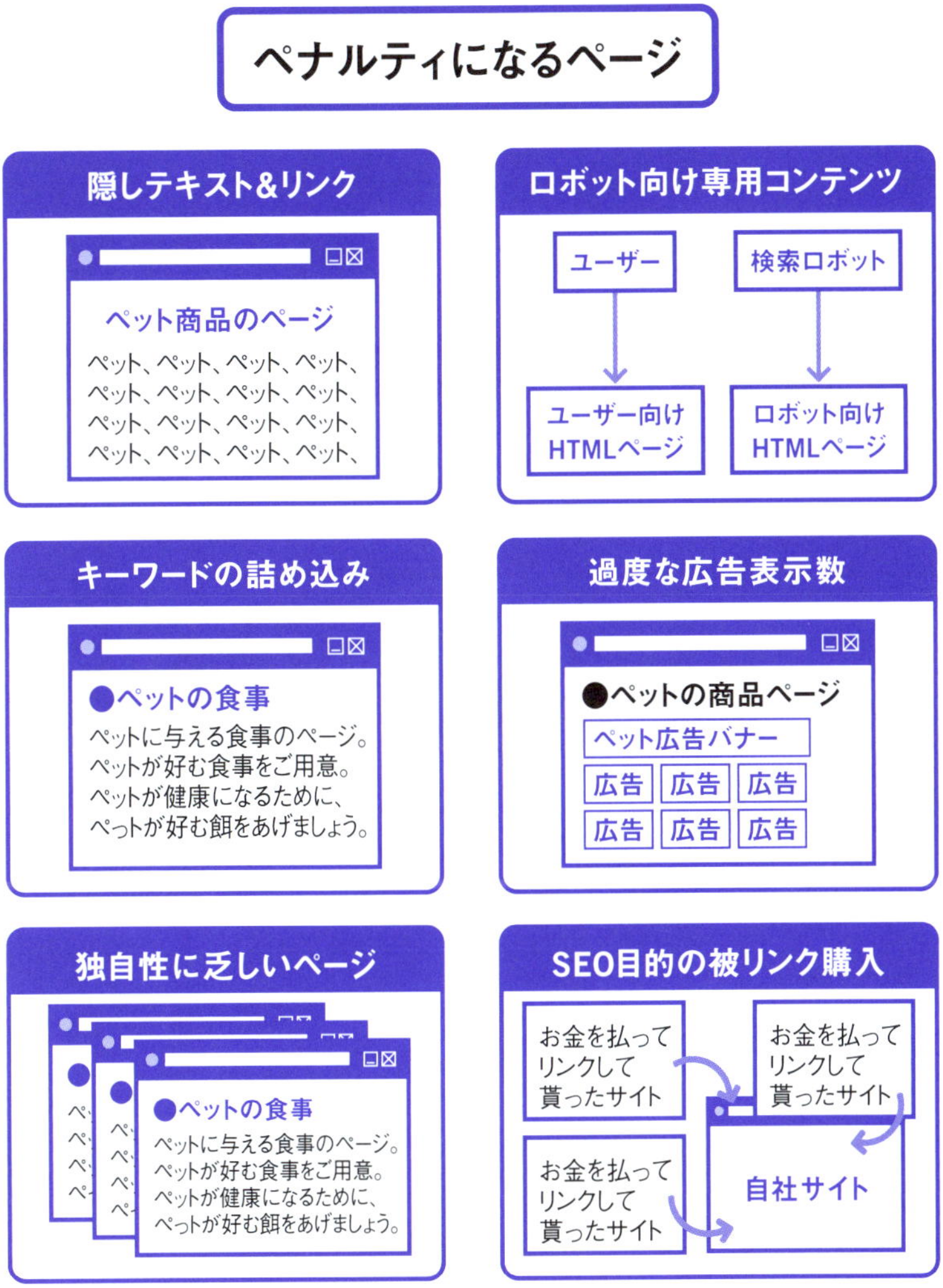

過剰なSEO対策は逆効果となる

3-09

便利ツールをＳＥＯ対策に活用する

効果的なキーワード選定をサポート

▼検索キーワードを分析して役立てる

ＳＥＯ対策はＨＴＭＬ記述などの要素も大切ですが、やはりキーワードの重要性に依存する部分が多いと思われます。

検索されやすいビッグワードでまず多くのアクセスを集めるのに加え、自社が得意としている特化分野があるなら効果的なスモールワードもぜひ活用したいところです。ひとつひとつの販売数は少ないものの幅広いアイテムを取り揃え、いわゆる〝ロングテール〟の市場を狙いたい場合も、スモールワードの有効活用が重要です。

キーワード収集ツールを使えば、検索数の大きなワード、少ないワードを簡単に調べられます。このほかにも、競合サイトを分析できるツール、被リンク数やページランクを分析できるツールなど、ＳＥＯに役立つツールは有料・無料合わせて数多くリリースされています。キーワードを組み合わせる複合キーワード、よく調べられるキーワード候補を表示するGoogleのサジェスト機能などもＳＥＯ対策に役立てられることでしょう。

キーワードを考えるときの要素

検索キーワードは複合的に考えよう

▼キーワード収集ツールを使いこなす

SEO対策に有効なキーワードを考えるのがよいといっても、いざとなるとなかなか思いつかないものでしょう。**そんなときに大いに活用できるのが、キーワード収集ツールです。**ここでは代表的なツールを3本紹介していきましょう。

まずは「Google AdWords キーワード プランナー」。これはGoogleが提供するWeb広告サービス「Google AdWords（グーグルアドワーズ）」の広告主向けツールですが、広告主でなくても利用できます。キーワードの統計情報や掲載結果の予測を手軽に調べられるほか、複数キーワードを組み合わせて新たなキーワードを作ることもできます。

「goodkeyword」もキーワード選定に役立つツールです。ビッグワードはもちろん、それに関連したスモールワードも調べられるので、効果的なページタイトルを考案するなどSEO対策のさまざまな場面で活用できます。検索頻度の高い候補を表示するGoogleサジェストに加えて、Bing、楽天などのサジェスト機能でトレンドのキーワードを表示できるのも強みです。

「キーワードウォッチャー」は、大手ポータルサイトの検索データをもとに信頼性の高い検索結果を取得できるツール。過去13カ月分のデータを調べることができます。ユーザがいま関心を持っているワードを調べる機能で新規顧客開拓を先取りしたり、競合他社でよく検索されているキーワードからライバルサイトの把握と対策を行うことも可能です。

代表的なキーワード収集ツール

goodkeyword

〈特徴〉

・無料
・Google.co.jp/Bing/Yahoo! JAPANで検索されている関連キーワードを表示
・マルチサジェスト機能

ヤフーキーワードアドバイスツール

〈特徴〉

・登録すれば無料
・デバイスごとの検索数が調べられる
・各種推定データを過去の実績に基づいて表示

UnitSearch

〈特徴〉

・無料
・Yahoo!JAPANで検索するユーザのデータを元に「関連検索ワード」を100件表示

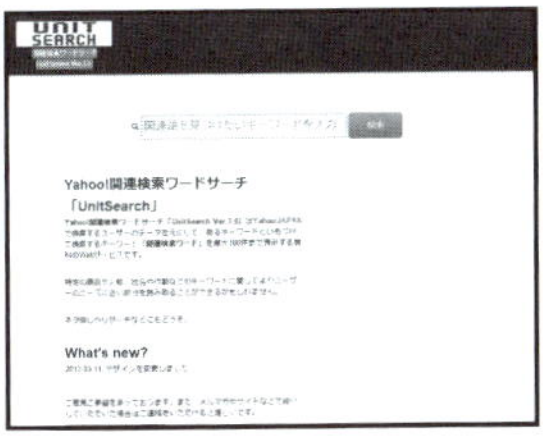

キーワードプランナー

〈特徴〉

・グーグルアカウント取得で無料
・関連キーワードの検索数を表示
・リスティング広告の予想クリック単価を表示

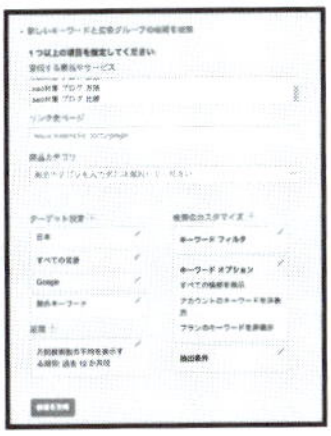

無料ツールを上手に使おう

事例③

ショーケース・ティービーのSEO対策

検索エンジンで上位に表示されるための取り組み

▼内部施策と外部施策の双方に注力する

ＳＥＯの事例としてショーケース・ティービーの施策を紹介します。同社では以下のようなＳＥＯ対策を行い、検索エンジンで高く評価されるように取り組んでいます。

【内部施策】

・タイトルの綿密な設計

・ターゲットのキーワードを決めてサイト内での表現を統一

・ヘッダ、フッタ、サイトマップなどを事前設計し適切に配置

【外部施策】

・参照されやすいよう複数ページから成る情報サイトを作成

・著名サイトに同社の情報を提供し、事例として掲載されやすいようにする

・ＳＮＳを活用し更新時などに情報を拡散する

・発信力のあるキーマンに言及してもらうようにする

SEO対策の実際

ショーケース・ティービーのGoogleによる検索結果

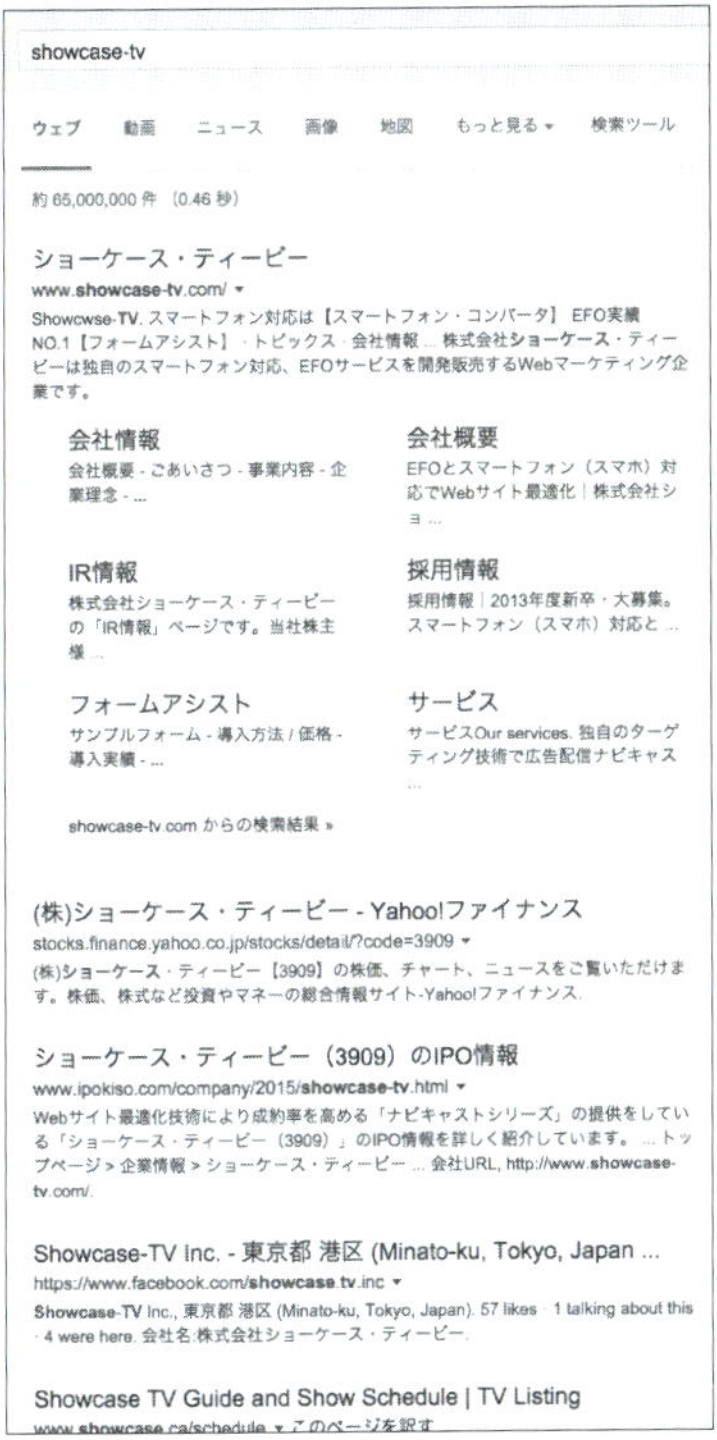

SEO対策が的確に行えている結果がわかる

バスケットゴールに関するキーワード事例

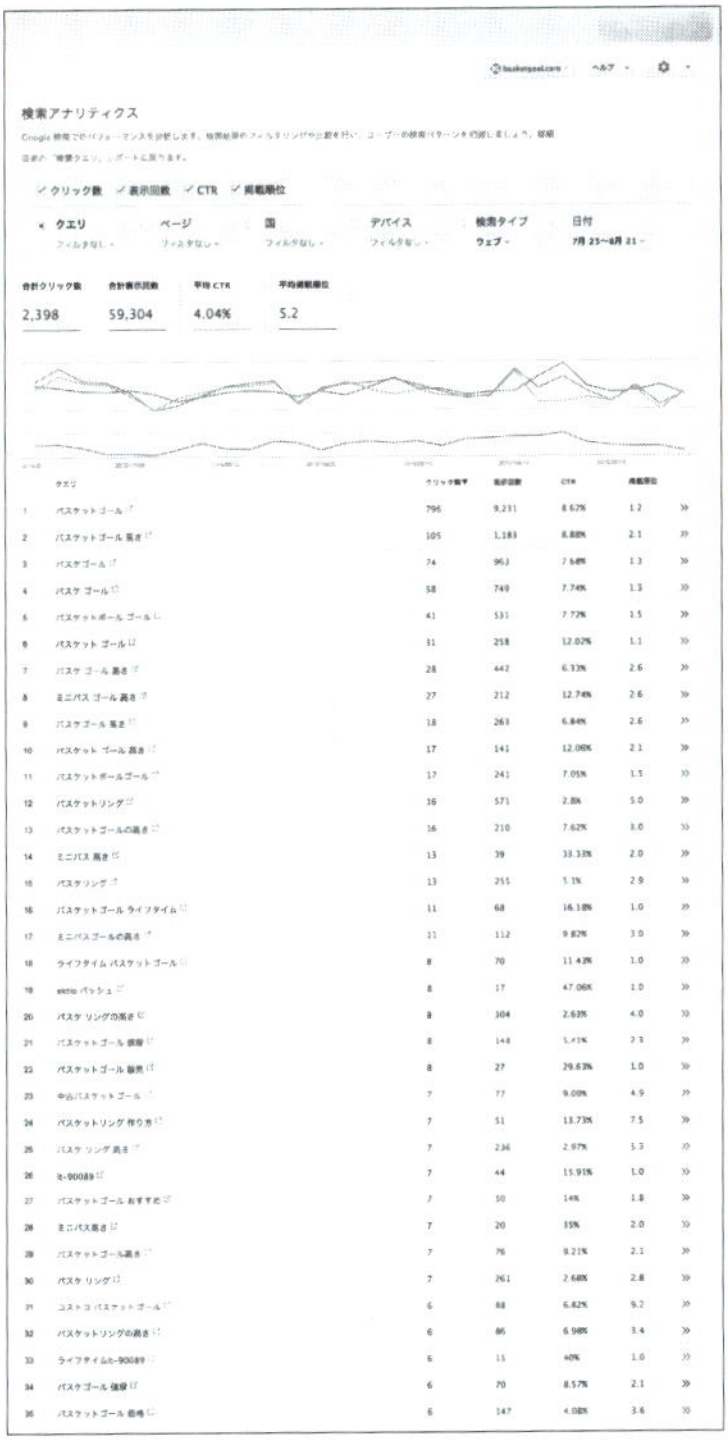

これらのワードを取捨選択してSEOを行う

的確なSEOがアクセスを増やす

▼検索キーワードの組み合わせによるＣＴＲの違い

参考として、ショーケース・ティービーのＥＣサイトである「バスケットゴール.com」のトップページにアクセスしたユーザが、どんなキーワードで検索してきたかをGoogleの検索アナリティクスで表示した事例を見てみます。

まず「クエリ」とは、簡単にいえば検索サイトで検索したキーワードのことです。クエリの欄に、どのようなキーワードが多く検索されているかが表示されています。検索キーワードのトップは「バスケットゴール」で、９２３１回表示されたうち、７９６回クリックされています。ＣＴＲは８・62％になります。掲載順位は、さまざまなユーザの検索において表示された順位の平均です。「バスケットゴール」の掲載順位は１・２ですので、ほぼ常に高い順位で同サイトが掲載されていることがわかります。「バスケットゴール　高さ」のキーワード検索では、表示回数（１１８３）、クリック数（１０５）ともに減りますが、ＣＴＲは８・88％と高まっていることが確認できます。ただし掲載順位は２・１になっています。

この欄をチェックしていくと、どのキーワードの組み合わせがＣＴＲが高いかもチェックできます。一般的に、より具体的なキーワードによる検索のほうがＣＴＲは高くなります。また、掲載順位が高い組み合わせほど高いＣＴＲを実現する傾向があります。画面の例でも平均掲載順位１・０位のキーワードの組み合わせで検索してきたユーザの多くはサイトにアクセスしていることがわかります。

第４章

集客／クチコミで人を集める

4-01

消費行動がわかる「AISASモデル」

「Search＝検索」と「Share＝共有」を追加

▼AIDA→AIDMAの次にくる顧客の行動モデル

インターネットの普及以前は、顧客が購入に至るまでの心理プロセスを表すモデルとして「ＡＩＤＡ」や、それを発展させた「ＡＩＤＭＡ」（26ページ参照）が利用されていました。ＡＩＤＡは「Ａ（Attention、認知）」→「Ｉ（Interest、興味）」→「Ｄ（Desire、欲求）」→「Ａ（Action、購買）」の4つのステップを経て消費行動が進むというモデルです。一方のＡＩＤＭＡは、ＡＩＤＡのＤとＡの間に「Ｍ（Memory、記憶）」というステップを付け加えています。商品の存在を認知し、興味・関心を抱き、「ほしい！」と欲求を感じたあと、実際に購入する前に商品名や欲求の記憶が行われるという考え方です。

インターネット時代を迎え、消費行動のパターンも以前と比べて変わってきました。そこで新たに登場した概念が「AISAS」です。従来モデルのＡ（認知）→Ｉ（興味）のあとに「Ｓ（Search、検索）」という新たな要素を、また2度目のＡ（購買）のあとにもう一度「Ｓ（Share、情報共有）」を加えているところが現代的だといえます。

ネットが変えた消費者の行動

従来型のモデル AIDMA

Attention 認知

（主にテレビCMなどを通じて）商品が存在することに気付く

↓

Interest 興味

商品の内容に興味が出て「どんな商品なんだろう?」と考えるようになる

↓

Desire 欲求

その商品を欲しいという気持ちが高まり、買おうと決意する

↓

Memory 記憶

ショップへ行く際に買う商品をすぐに見つけられるよう、商品名などを覚えておく

↓

Action 購買

店頭で商品を探し、商品を手にして帰宅する

↓

インターネット時代のモデル AISAS

Attention 認知

（テレビCMやネットなど、さまざまな情報を通じて）商品が存在することに気付く

↓

Interest 興味

商品の内容に興味が出て「どんな商品なんだろう?」と考えるようになる

↓

Search 検索

ネットで商品名を検索し、商品の内容や販売価格、評判などを調べる

↓

Action 購買

十分に商品を検討した上で、ショップやECサイトなどで商品を購入する

↓

Share 情報共有

買った商品のレポートを投稿したり、商品写真をSNSへアップロードする

↓

次の顧客候補が発見

購入者が共有した情報を見た顧客が、その商品を認知したり興味を持つようになる

▼ネット時代にフィットする消費行動モデル

ＡＩＳＡＳモデルについてもう少しくわしく見ていきましょう。

インターネット時代以前に生まれたＡＩＤＭＡでは、ネット時代特有の消費行動をうまく説明できませんでした。**そこで誕生したＡＩＳＡＳは、「検索」「共有」といった、まさにネット時代の象徴ともいえる要素を盛り込み、新しい消費行動をわかりやすく提示してくれます**。一方、ＡＩＤＭＡにはあった「欲求」「記憶」という要素が消えたのは興味深いところでしょう。商品に興味・関心を持ったユーザはインターネットでまず検索を行い、その商品がどういったものかを調べます。この段階で排除されたり薄まってしまう興味も当然ありますが、検索により興味が深められた商品は、その場でネット（ＥＣサイト）を通じた購買行動に直結していきます。

さらに、購買行動のあとに情報共有（シェア）という要素が考えられているのも象徴的です。Facebookをはじめとする ＳＮＳ、Twitter、Instagram、ブログ、LINEといったさまざまなツールを駆使し、友人やあるいは不特定多数の読者に対して、購入した消費者の声が発信されるわけです。実際に則して考えると、厳密にいえば共有という行動は購入後に限ったものではなく、興味を持って検索した段階ですでに始まるともいえます。いずれにせよ、あるユーザの消費行動がネット検索をベースに成り立ち、購入したあとはネットのクチコミで広がっていくのが、ネット時代の消費行動モデルなのです。

AISASとAIDMAの消費者の思考

AISAS
Attention 認知
この商品、初めて見た
Interest 興味
あの商品良さそう…
Search 検索
ネットで調べてみよう
Action 購買
通販で安く買えた!
Thank you!
Confirm Order
Share 情報共有
こんな商品を買ったよ、ってSNSへ投稿しよう
※他の人の「Attension」へ…
AIDMA
Attention 認知
この商品、初めて見た
Interest 興味
あの商品良さそう…
Desir 欲求
何だか欲しくなってきた!
Memory 記憶
×××というノートパソコンだったな
Action 購買
店頭で安く買えた!
SHOP

AISASの特徴は「Share」にある

4-02

ユーザに広めてもらう「バイラルマーケティング」

クチコミやシェアで情報を拡散させる

▼エンゲージメント率で効果測定

ユーザにクチコミなどで自社製品を紹介してもらうように仕掛ける手法を「バイラルマーケティング」と呼びます。バイラルはウイルスと同様の意味を持つ言葉ですが、要は人を媒介として広まっていくということです。

バイラルマーケティングの方法論はインターネット、とりわけＳＮＳやブログのようなソーシャルメディアと深く結びついています。このようにソーシャルメディアをマーケティングに役立てる方法を「ＳＭＭ（ソーシャルメディアマーケティング）」といいます。

バイラルやＳＭＭの一手法として「リアルタイムマーケティング」があります。たとえばユーザがいま見ているテレビ番組に合わせた記事を投稿し、ＳＮＳで広めてもらいます。ここで指標となるのが「エンゲージメント率」。エンゲージメント率はある投稿に対して起こされた「いいね！」「コメント」「シェア」などのアクションの合計を、それを見る可能性があるファンの総数で割った数値です。

バイラルマーケティング

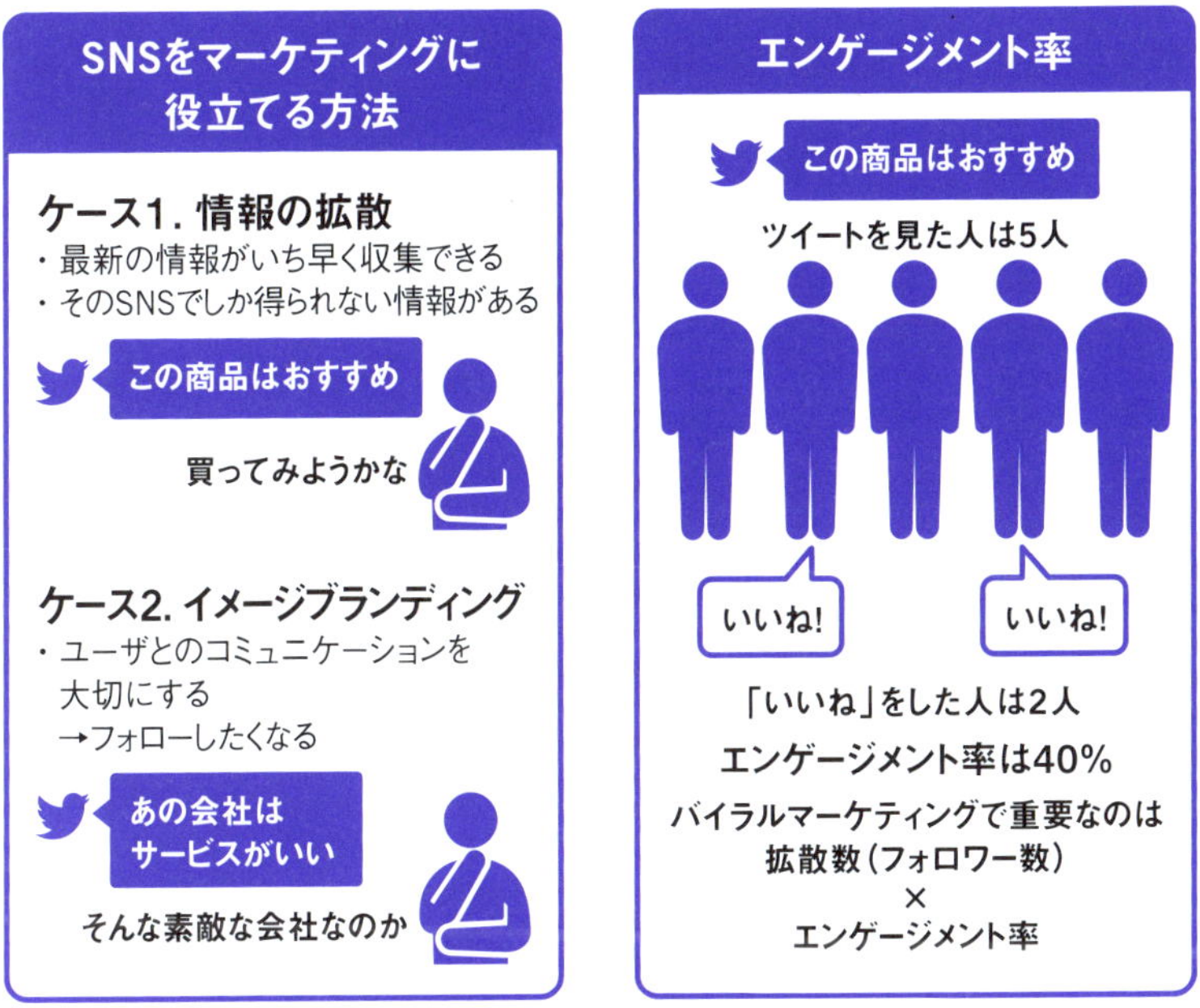
SNSをマーケティングに
役立てる方法
ケース1. 情報の拡散
・最新の情報がいち早く収集できる
・そのSNSでしか得られない情報がある
この商品はおすすめ
買ってみようかな
ケース2. イメージブランディング
・ユーザとのコミュニケーションを
大切にする
→フォローしたくなる
あの会社は
サービスがいい
そんな素敵な会社なのか
エンゲージメント率
この商品はおすすめ
ツイートを見た人は5人
いいね!
いいね!
「いいね」をした人は2人
エンゲージメント率は40%
バイラルマーケティングで重要なのは
拡散数（フォロワー数）
×
エンゲージメント率

「クチコミ」がユーザを増やす。
エンゲージメント率を重視しよう

4-03

Facebookを活用する

ユーザの属性や趣味に応じて広告を表示する

▼Facebookページと Facebook広告

「Facebook」はWebマーケティングでも大いに活用されています。考えられる取り組みは大きく分けて「Facebookページ」と「Facebook広告」の2つです。

Facebookページはかつてファンページと呼ばれていたものです。個人の本名でしか登録できない一般ページと異なり、Facebookページは組織名など本名以外でも登録できるので、自社ページや自社の商品・サービスのページを開き、プロモーションに役立てられます。

一方のFacebook広告は、ユーザのタイムラインやニュースフィード、パソコン画面の場合には右側の枠にも表示される広告です。**すべてのユーザに同じ広告を表示するのではなく、居住地域や趣味・関心をはじめさまざまな条件から表示するユーザを選ぶことができます**。ターゲットを絞れるので広告効果を上げられるという特徴があります。

このほか、ユーザ間で記事がシェアされたり「いいね！」を介して拡散されていくためバイラルマーケティングでも利用できます。

Facebookの活用例

マイナビウエディングのFaceBookページ
https://www.facebook.com/mynaviwedding

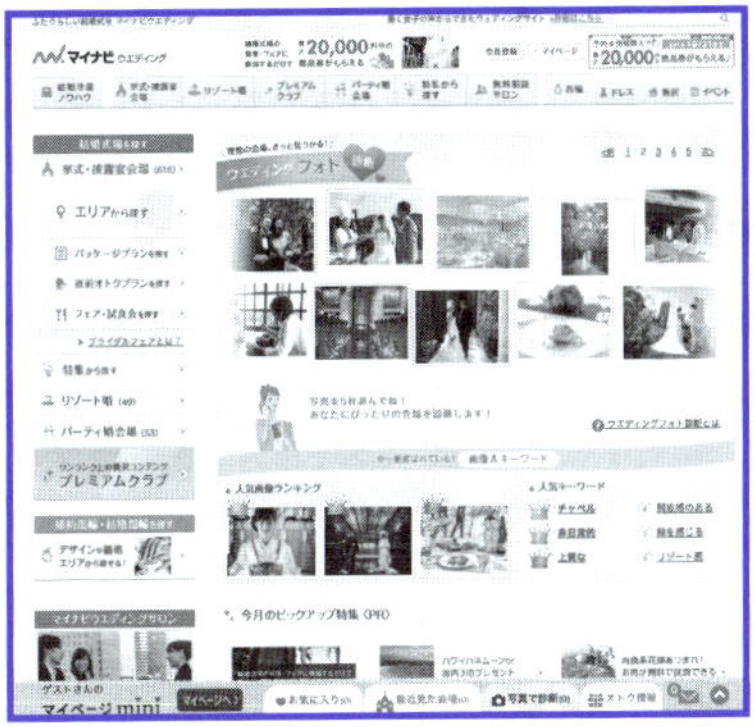

マイナビウエディング
http://wedding.mynavi.jp

- 広告目的ではなく、ファンとのコミュニケーションを前提としたFaceBookページの企画・作成が重要
- 広告はFaceBookのプロモーションの連携であり、広告出稿が目的ではない
- 広告出稿が目的ならFaceBook広告を活用する

4-04

Twitterを活用する

140文字の短文をマーケティングで上手に使う

▼宣伝と市場調査で威力を発揮する

「Twitter」はSNSの一種としてとらえられたり、〝ミニブログ〟と言われることもありますが、140字という文字数制限があるほか匿名性も高く、一般的なSNSともブログとも性格を異にするメディアです。**Webマーケティングに用いる場合、Twitterには宣伝と市場調査の機能があると考えられます**。宣伝は、企業アカウントや商品・サービスのアカウントで情報発信し、それを見たユーザが拡散してくれることで成り立ちます。また市場調査は、スモールワードを指定してそのワードをツイートしているユーザや（ビッグワードではユーザ数が多すぎます）、キーワードの投稿回数・ピーク時期などを調べられます。指定したキーワードがツイートされるとメールで通知してくれる機能もあるので、商品名やサービス名を登録しておけば漏らさずチェックできます。

TwitterとFacebookはユーザのつながりの数や情報の即時性などで特性が異なります。違いを把握したうえで有効活用したいところです。

Twitterの活用

宣伝と市場調査、両方の機能を持っている

■宣伝

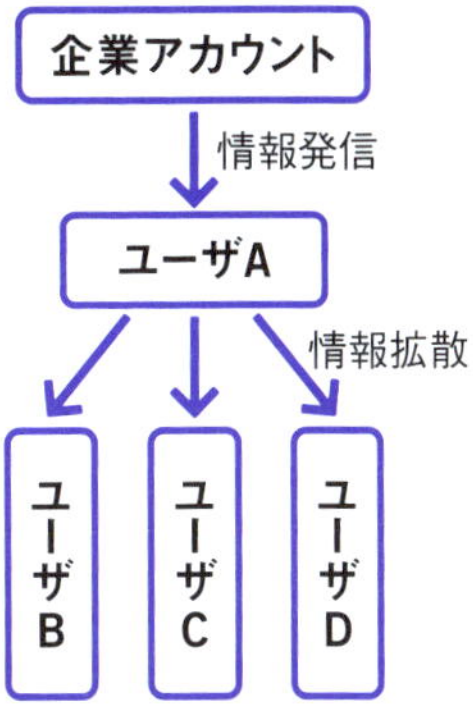

「拡散したい」と思わせる情報を提供することがポイントになる

■市場調査
〈調べられること〉

- ・あるキーワードをツイートしているユーザのアカウント
  ※スモールワードの場合に有効
- ・あるキーワードが投稿されている回数とピーク時期
- ・自分のフォロワーが多くツイートしている時間帯や曜日の統計
- ・指定キーワードが投稿されるたびに、メールを送信してもらう
  ※スモールワードの場合に有効

Facebookとのメディア特性の違い

	Twitter	Facebook
つながりの数	多い	少ない
即時性	即時	タイムラグ
記事への注目	低い	高い
記事内容の濃さ	浅い	濃い

Facebookに比べて
Twitterはカジュアル。
ユーザー同士の関係は希薄

〈Twitterで話題になるもの〉
・人に知らせたい情報
（今日は何の日？ トリビアなど）
・人に見せたい画像
（可愛い猫画像など）

↓ つまり

企業が提供するような商品情報は、よほどのファンでない限りは拡散されないので注意

4-05

オウンドメディアを活用する

マスメディアの時代から自社サイトの時代へ

▼自社で所有する情報発信媒体

マーケティングにソーシャルメディアを利用するのは、いまでは常識となりつつあります。しかしながらFacebookもTwitterも、あるいは他のＳＮＳも、結局は他の組織が所有し、提供しているサービスです。ということは、利用する企業側はあくまで「ユーザ」の立場にすぎません。ユーザの都合に関係なく、利用に関する規定が突然変更され、ユーザが不利益を被るケースも十分に考えられます。

ユーザであるという立場は、GoogleやYahoo!が提供するネット広告や、「続きはＷｅｂで」と芸能人に語らせるテレビＣＭ・新聞・雑誌などのマスメディアにおいても同じことです。いずれも出稿する企業側の都合で仕様を変えることは原則としてできません。

これに対して、近年、「オウンドメディア（Owned Media）」という言葉が聞かれるようになりました。オウンドは「所有された」という意味です。誰が所有しているのかというと、Ｗｅｂマーケティングを行う主体である企業です。

ブログ・オウンドメディアの活用

マス(集団)メディアからオウンド(自社)メディアへ

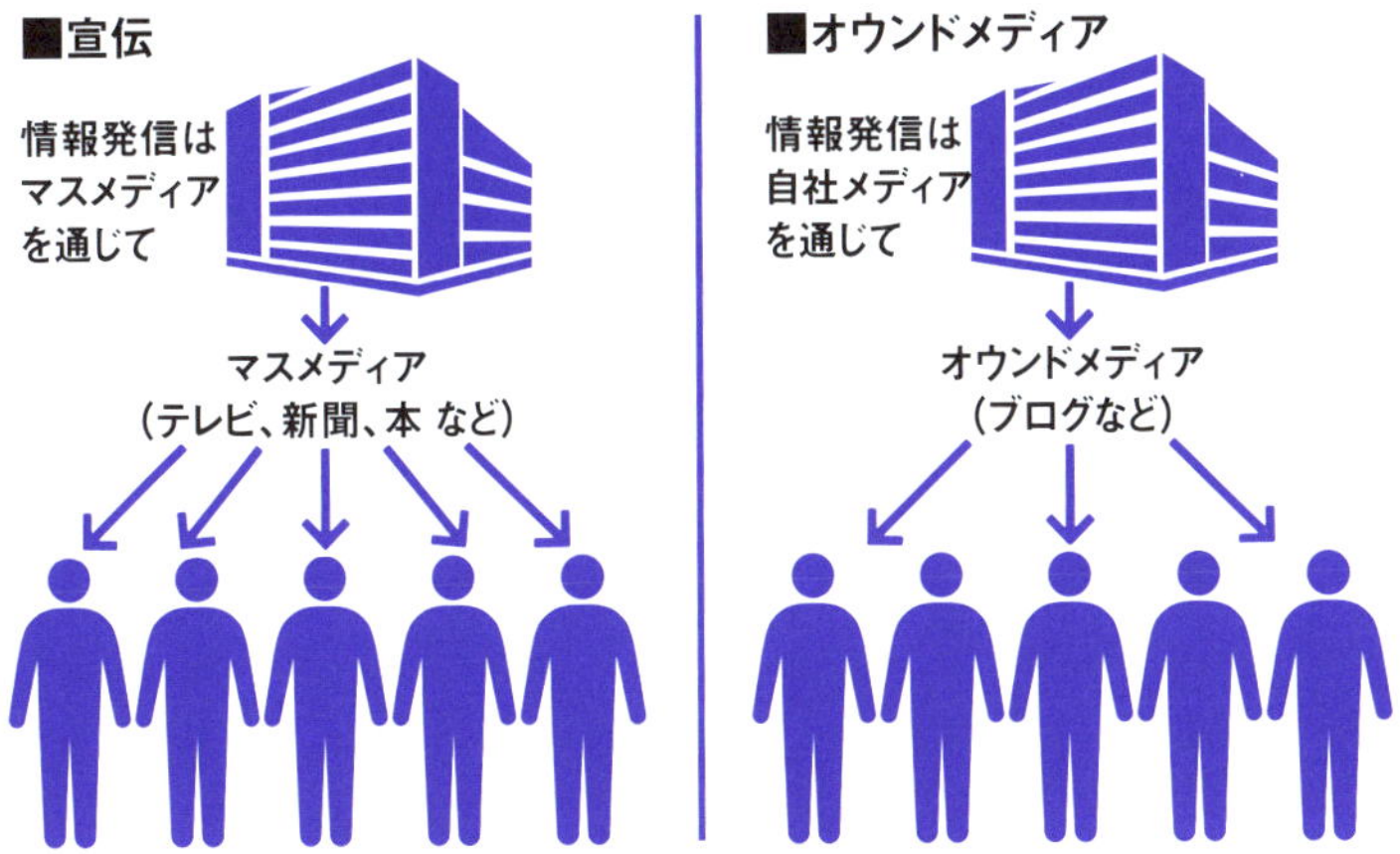

オウンドメディアはユーザに直接発信することで、
コミュニケーションを深めることあできる

マスメディアとオウンドメディアの比較

	マスメディア		オウンドメディア
宣伝費	高額	<	安価
リーチ範囲	広い	>	狭い
発信期間	短い	<	長い
ユーザー情報	取得不可能	<	取得可能
双方向性	なし	<	あり

▼ユーザとの双方向性も実現できる

オウンドメディアとはつまり「自社で所有するメディア」のことなのですが、単なる自社サイトというわけでもありません。通常、オウンドメディアと呼ぶ場合は、とくにマスメディアと対照した概念になります。

従来、企業の情報発信の多くはマスメディアを通じて行われてきました。マスメディアは不特定多数に向けて発信するので、影響力自体は強いのですが、価値観の多様化がいわれる時代に個人の嗜好へダイレクトにリーチできるかというと疑問もあります。なぜなら、それを見ているすべての人に同じメッセージを届けるからです。いうまでもなく、そのメッセージを見た反応が発信側に有効にフィードバックされるのはレアケースでしょう。その点オウンドメディアなら、マスメディアのように不特定多数を相手として発信する必要はありません。ターゲットを「ファン」や「有望な潜在顧客」に絞り、厳選したメッセージを発信できます。あくまで自社で所有するメディアですから、ユーザとインタラクティブに交流できますし、有効なフィードバックも得やすい環境だといえます。

そういった部分を考えると、オウンドメディアとは、Webマーケティングを目的としてユーザと交流を行うための自社サイトという意味合いが強くなるといえるでしょう。自社サイトで展開するブログも、オウンドメディアに含まれます。コメント欄でやりとりできるインタラクティブ性の高いブログをプロモーションに活用する企業も多くあります。

▼「ペイドメディア」「アーンドメディア」との対比

オウンドメディアの利点は、前述したインタラクティブ性やフィードバックの容易さだけではありません。コスト面でもメリットがあります。従来型のマスメディアで展開するプロモーションは、高い広告費が必要となります。とりわけ、キー局のゴールデンタイムに流されるテレビCMは高額となることがよく知られています。

一方のオウンドメディアは、自社で所有するサイトを利用するわけですから、メディア全体が自社のプロモーションになるということもでき、広告費も安価で済みます。

さらに、マスメディアでは前述のようにユーザのフィードバックを受けるのが困難ですが、オウンドメディアであればユーザの個人情報も含めて有用なデータを得ることができます。プロモーションを発信できる期間がマスメディアに比べて長いというのも長所といえるでしょう。もちろん、欠点もありますが、これについては次項に譲りましょう。

オウンドメディアという概念はマスメディアとの対照で使われることが多いと書きましたが、ほかにも「ペイドメディア(Paid Media)」「アーンドメディア(Earned Media)」との対比でしばしば使われます。ペイドメディアは広告のことで、これはスペースや文字数、コスト面での制約がありますが高い集客効果を発揮できます。アーンドメディアはソーシャルメディアのことで、こちらも制約があるのは前述の通りですが、自社への信用度を高められる効果があります。

4-06

多メディアの組み合わせを活用する

集客力で劣るオウンドメディアの活かし方

▼社名や商品名、ＵＲＬを知らないとアクセスできない

自社で所有するブログなどのオウンドメディアはマスメディアに比べて宣伝広告費が安く、ユーザ情報を簡単に取得・蓄積でき、ユーザとのインタラクティブ（双方向）性も確保できるなど多くのメリットを持っています。しかしその一方で、リーチできる範囲が狭いといった弱点があるのも事実です。

なかでも、オウンドメディアの最大の欠点はといえば、ユーザをサイトに呼び寄せる集客力で劣るということでしょう。

ユーザが能動的に会社名や商品・サービス名をインターネットで検索したり、商品を実際に購入した顧客が商品パッケージに記してあったアドレス（ＵＲＬ）からオウンドメディアにアクセスするということは考えられます。しかし、社名も商品名も何も知らないユーザの場合はどうでしょう。検索で自社のオウンドメディアにたどり着いてくれる可能性がかなり少なくなることは、すぐにわかります。

他メディアとの組み合わせ活用

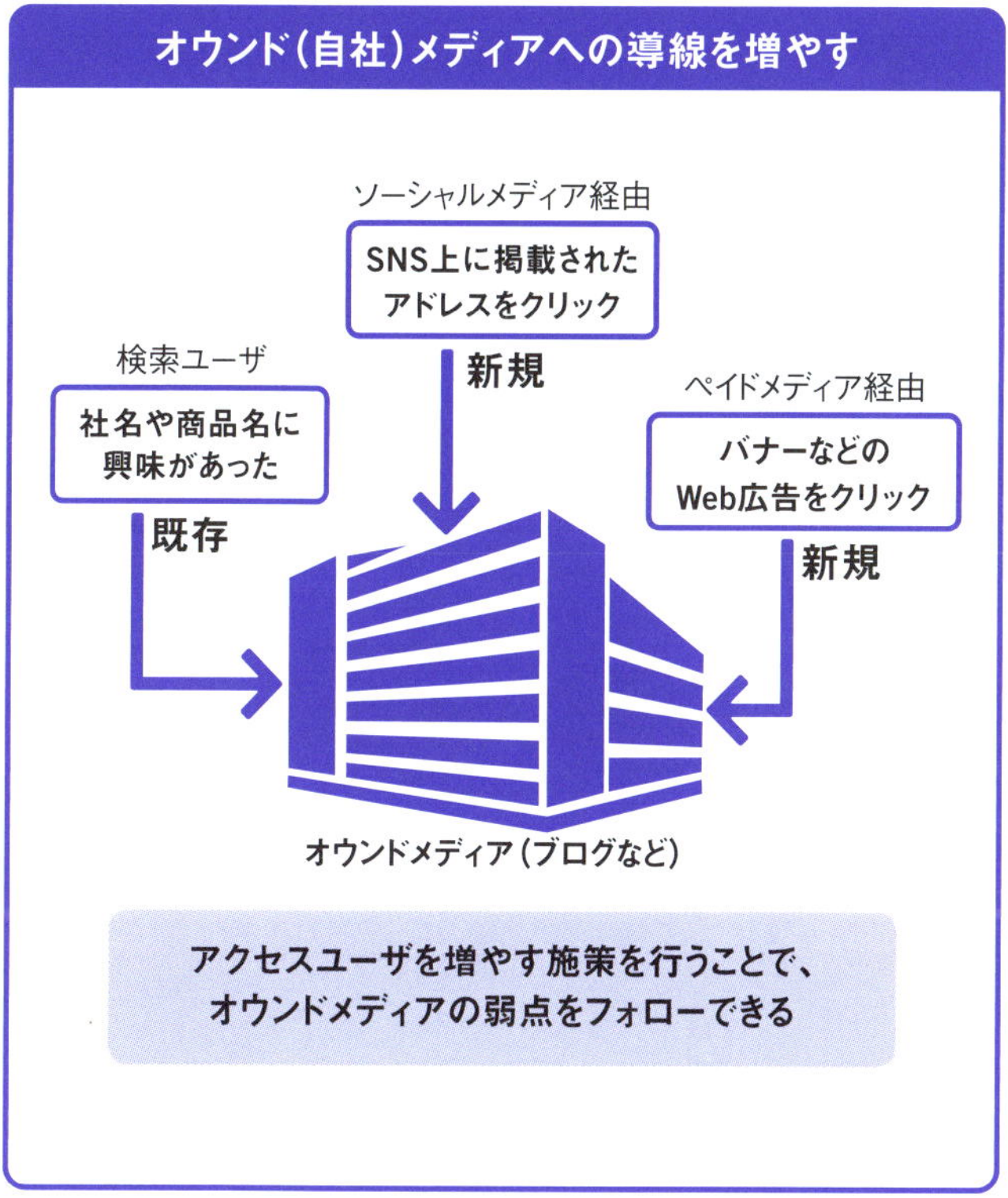
オウンド（自社）メディアへの導線を増やす
ソーシャルメディア経由
SNS上に掲載された
アドレスをクリック
新規
検索ユーザ
社名や商品名に
興味があった
既存
ペイドメディア経由
バナーなどの
Web広告をクリック
新規
オウンドメディア（ブログなど）
アクセスユーザを増やす施策を行うことで、
オウンドメディアの弱点をフォローできる

▼ＳＮＳや広告との連携を図って効果アップ

集客力で劣るオウンドメディアは、社名や商品・サービス名を知らない潜在ユーザをつかむことが難しいといえます。では、こうした潜在ユーザに、どのようにして自社サイトへアクセスしてもらったらいいのでしょうか。そこが大きな課題となります。

オウンドメディアで必要な施策は、ひと言でいえば、ユーザが到達するための導線＝ルートを増やすことです。

そこで利用できるのが、広告メディアとＳＮＳ（ソーシャルメディア）です。これらのメディアと連携することによって、検索だけに頼る場合に比べ、潜在ユーザの目にオウンドメディアの存在が触れる可能性をグンと高めることができるのです。

前項で触れた通り、広告はペイドメディア、ＳＮＳはアーンドメディアです。オウンドメディアと合わせて「トリプルメディア」と呼ばれることもあります。

集客力が弱いというオウンドメディアの欠点を効率的に克服するには、ペイドメディアとアーンドメディアを併用すること。しかもそれぞれ単独ではなく、効果的に組み合わせるのがよいと思われます。

バナーなどのＷｅｂ広告を出稿し、クリック率を高めることで、オウンドメディアへの導線を太くする施策を実行します。同時にFacebookページを開設するなどＳＮＳも活用し、信用度を高めてオウンドメディアへの訪問者数を増やしていきます。

▼興味を持つユーザ向けに検索エンジン対策も

さらには検索ユーザ向けの施策も重要です。キーワードの最適化をはじめとしたＳＥＯ対策により検索エンジンから流入してくる潜在ユーザ（キーワードに関連する会社や商品・サービスに興味を持つ可能性のあるユーザ）も増やすことができれば、オウンドメディアが集客に弱いという欠点をフォローし、アクセス数アップを実現することができるでしょう。

商品・サービスの性質によっては、GoogleやYahoo!の検索画面に表示する検索連動型広告（リスティング広告）を組み合わせるのも効果的です。この場合はオウンドメディアへ誘導するためのキーワードの選定が重要になります。

なお、前項でも触れましたが、プロモーションを考えるとき、テレビや雑誌、新聞といったマスメディアも思い浮かべるかもしれません。マスメディアをペイドメディアに含める人もたしかにいます。しかし、マスメディアはどれほどの人が見て実際の購買行動に走ったかという費用対効果を測りづらいうえ、ユーザに個人的にアプローチすることもできません。Ｗｅｂマーケティングと組み合わせるのは難しい広告手法だといえます。もちろん宣伝に高額のコストをかけられるなら、テレビＣＭで商品を紹介し「続きはＷｅｂで」とやることもできるのですが、それにしてもターゲットに的確にアプローチしているわけではありません。コストと照らし合わせ、集客効果はしっかりとチェックする必要があります。

事例④

パナソニックのＳＮＳ活用

ＳＮＳとリアルイベントとの連動も積極的に追求

▼社業と相性がよいYouTubeでの動画展開が奏功

ＳＮＳを有効に活用している例としてパナソニックの事例を見ていきましょう。パナソニックは現在、YouTube、Facebook、Twitter、Google＋の４つのＳＮＳで「Panasonic Japan」というアカウントを開設しています。なかでも力を入れているのが動画投稿サイト・YouTubeの活用です。パナソニックがYouTubeで公開する動画は、月間３００万回再生を達成するなど人気を呼んでいます。YouTubeに力を入れたきっかけは大きくふたつ。ひとつは同社が４Ｋテレビなどの AＶ製品を多数リリースしているため、もともと動画と相性がよかったこと。もうひとつは、YouTubeで商品紹介動画を作成しておけば、販売店から素材として動画を求められた際にも提供しやすいことです。販売店が自前で紹介動画を用意するのは困難なので、その点でもYouTubeを有効活用できます。

スマートフォンから気軽に動画を見られる時代になり、パナソニックのＳＮＳ施策は見事にフィットしています。

パナソニック公式 YouTube サイト
https://www.youtube.com/PanasonicJapan

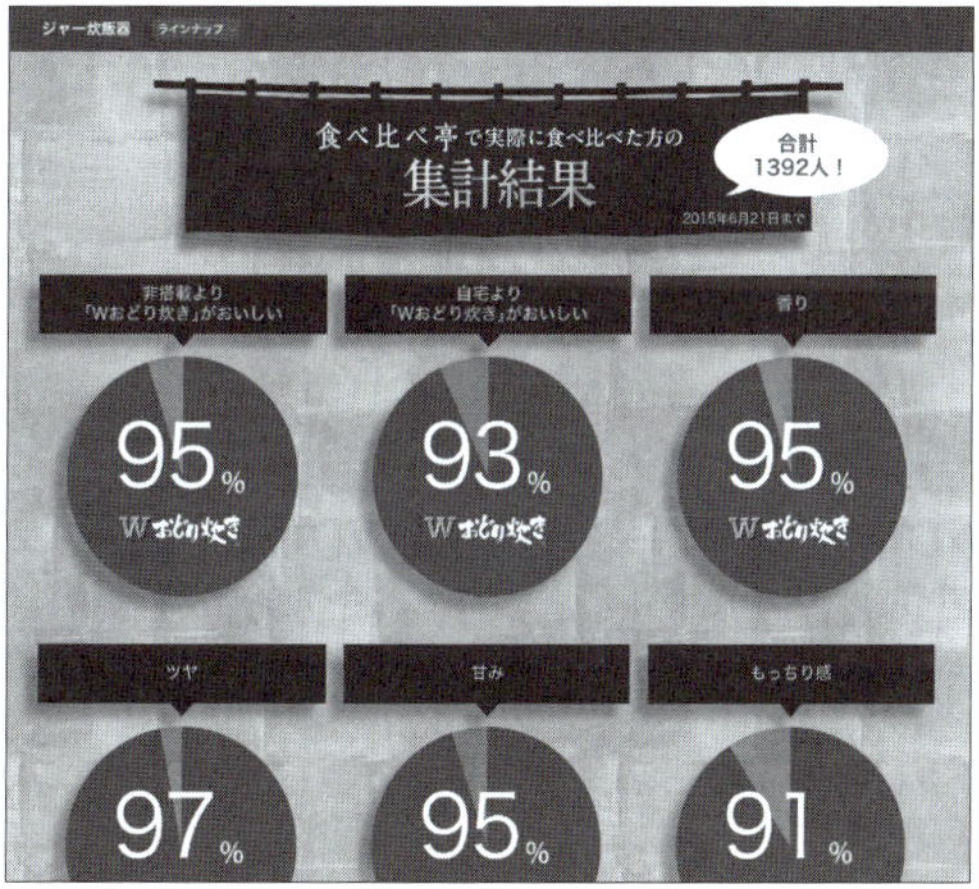

Wおどり炊き　食べ比べ亭
http://panasonic.jp/suihan/voice/tabekurabe1/

▼ＳＮＳ活用への意識が社内で高まる副次効果も

実は、パナソニックではＳＮＳへの取り組みには慎重だったといいます。現在の「Panasonic Japan」という統合アカウントができるまでは、各部門の担当者がそれぞれ商品やブランドのアカウントを作って情報発信していました。「Panasonic Japan」を立ち上げることで、ＳＮＳをトータルに管理できる体制が整い、ＳＮＳを有効活用したさまざまな施策に取り組めるようになっています。

代表的な事例として、ＳＮＳとリアルのイベントを連動させた「Ｗおどり炊き　食べ比べ亭」の取り組みを紹介しましょう。

「Ｗおどり炊き」は、ご飯がおいしく炊けることを前面に打ち出したジャー炊飯器のシリーズです。実際にユーザにそのおいしさを体験してもらおうと、東京・銀座の「銀座米料亭 八代目儀兵衛」とのコラボレーションによる商品体感イベントを２０１５年６月に実施しました。同イベントでは「Ｗおどり炊き」で炊いたご飯と従来の炊飯器で炊いたご飯を食べ比べ、その場でタブレットを通じてアンケートに答えてもらいます。その結果はリアルタイムでＷｅｂサイトに表示されるほか、ＳＮＳユーザが発信する記事がFacebookやTwitterでシェアされるように仕掛けることで、大きな話題を呼びました。

このイベントをきっかけに「Ｗおどり炊き」の認知度が一気に高まったのはもちろん、社内でもＳＮＳの積極活用に向けた意識が高まるという副次効果が生まれたといいます。

第5章

集客／広告で人を集める

5-01

広告の表示タイプを考える

バナー、テキスト、インフィード、レスポンス

▼さまざまなタイプのインターネット広告

インターネット広告をコンテンツのタイプで分類すると、画像を使って他サイトへ誘導する「バナー広告」は日常的に見かけますね。画像を使わずテキストにリンクを付けて誘導を行う「テキスト広告」も、リスティング広告やメールマガジンでよく利用されています。インターネット回線が高速化し、スマートフォンでも常時接続が当たり前になった現在、「動画広告」も浸透し始めました。また、広告の出る場所で分類すると、従来の広告エリアに出るものに加えて、最近では記事と記事の間に挿入する「インフィード広告」がＳＮＳやニュースアプリで流行しています。記事と勘違いしてクリックした経験がある人も多いのではないでしょうか。

広告の届け方には、大きく分けて強制的に表示する「プッシュ型」と、検索連動型広告のようにユーザの意思でアクセスする「プル型」があります。テレビＣＭはプッシュ型の代表ですが、ネット広告にも「YouTube」の動画広告をはじめプッシュ型は数多くあります。

広告の表示タイプ

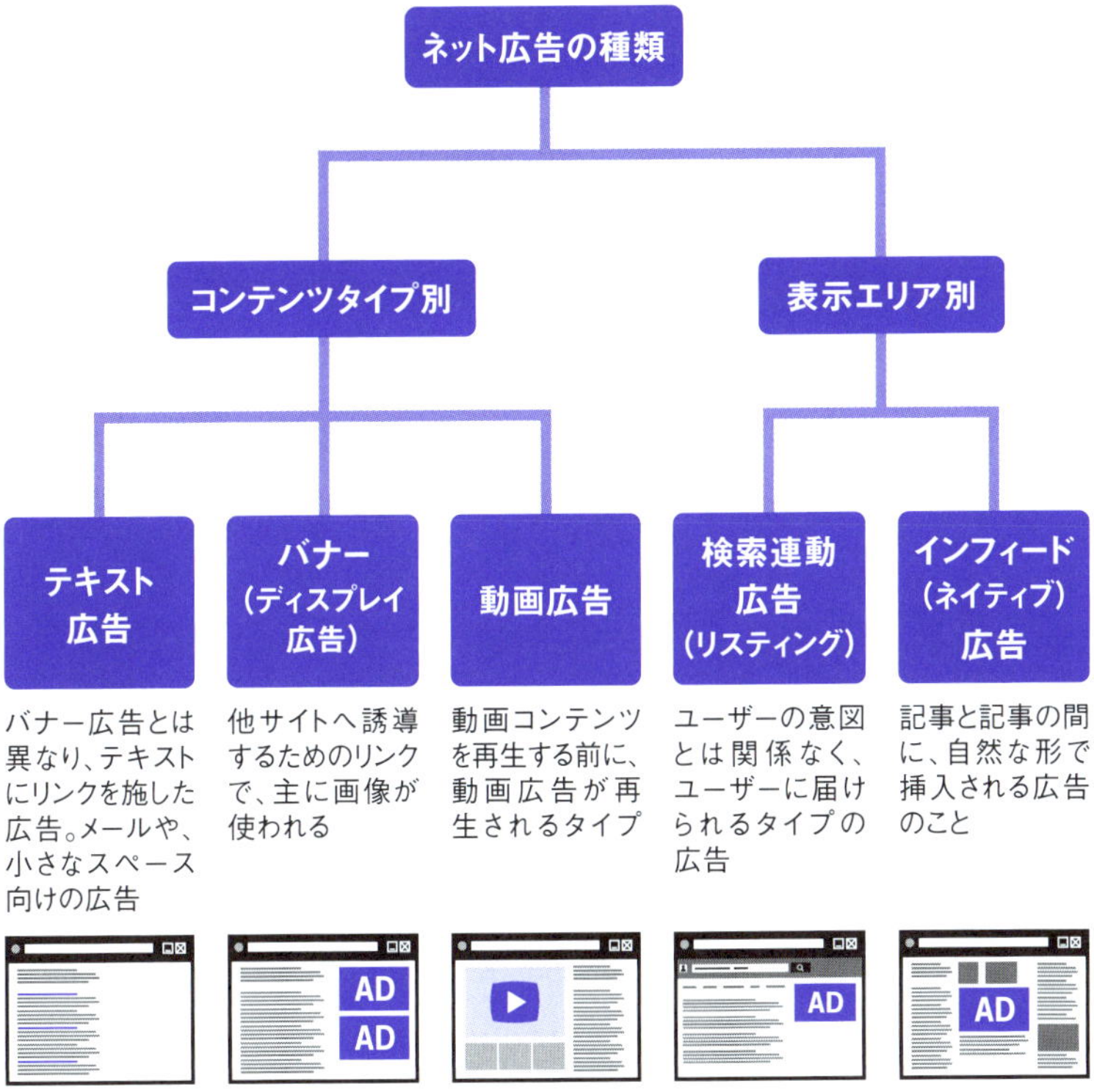

そのほかに、課金方法別やWeb／アプリ別など、いろいろな分類が考えられる

5-02

広告の成果指標と課金形態

効果を評価するための指標

▼出稿した広告の成果を知るには

ネット広告の効果を測定する基準としては、第２章で解説した「ＣＰＡ（顧客獲得単価、Cost Per Acquisition）」「ＣＴＲ（クリックスルー率、Click Through Rate）」「ＣＶＲ（コンバージョン率、Conversion Rate）」などの指標があります。ＣＰＡは顧客１人の獲得にかかったコスト、ＣＴＲは広告のクリック率、ＣＶＲはコンバージョンの達成率を表します。

成果の目標は利用する広告の課金形態によって変わります。**ネット広告の料金システムには「成果報酬型」「クリック課金」「インプレッション課金」があります**。成果報酬型は一定の成果を達成した場合に料金が発生するもので、アフィリエイト広告とも呼ばれます。成果報酬型のうち、利用者側に報酬が与えられる広告を「リワード広告」といいます。

クリック課金は広告がクリックされた回数に応じて（ＰＰＣ＝Pay Per Click）、インプレッション課金はインプレッション数（広告が表示された回数）に応じて料金が発生します。

広告の成果指標

Web広告の効果測定基準

CPA（Cost Per Acquisition）

広告費用 ÷ 目的達成数
＝目的1件当たりのコスト

> 目的の例
> ページビュー数、ダウンロード数、会員登録数、など

CTR（Click Through Rate）

広告表示数 ÷ クリックされた数
＝広告のクリック率

> CTRを左右するもの
> 目立ったかどうか、広告の魅力、クリックしたくなる文言 など

CVR（Conversion Rate）

広告表示数 ÷ 目的達成数
＝目的達成率

> CVRを左右するもの
> 会員登録の場合、登録フォームの入力項目の多さ など

Web広告の料金システム

成果報酬

クリックされた時など、目的が達成された時にのみ掲載料金が発生する、Web広告の料金システム

クリック課金

Web広告がクリックされた数で目標とする場合の指針

> CTRを左右するもの
> 目立ったかどうか、広告の魅力、クリックしたくなる文言 など

インプレッション課金

Web広告を表示した回数を目標とする場合の指針

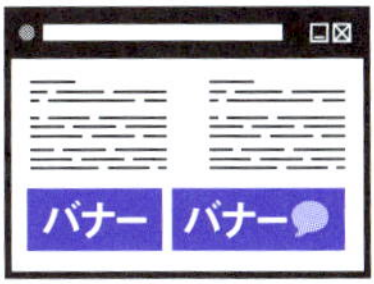

5-03

広告表示のトリガー

広告を見てもらうためのきっかけ

▼ユーザの能動的なクリックを促す

ネット広告はどのようにしてユーザに見てもらうかが課題です。不特定多数を相手に強制配信する広告もありますが、費用対効果が大きいとはいえません。理想はやはり、ユーザの能動的なクリックを促す広告でしょう。

ユーザが検索したキーワードと関連の深い広告を表示する仕組みが「検索連動型広告」で、「リスティング広告」とも呼ばれます。また、ユーザが見ているＷｅｂページの内容と連動して広告を掲載する「コンテンツ連動型広告」もよく用いられます。

閲覧・購入といったユーザの行動履歴に応じて内容を変える広告を「行動ターゲティング広告」といいます。これを発展させ、複数サイトの行動履歴をもとに広告表示する「オーディエンスターゲティング」、検索内容なども加えてユーザの興味・関心を推測し広告を表示する「興味関心連動型広告」もポピュラーになっています。このほか、ＧＰＳの位置情報でユーザの現在地を知り、近くの店などを表示するタイプの広告もあります。

広告表示のトリガー

キーワード連動

検索キーワードに反応して、検索結果画面に広告が表示される

検索結果
広告
広告
Googleの
検索結果など

行動ターゲティング

閲覧していたページの内容や、購入した商品の内容に応じて広告が変わる

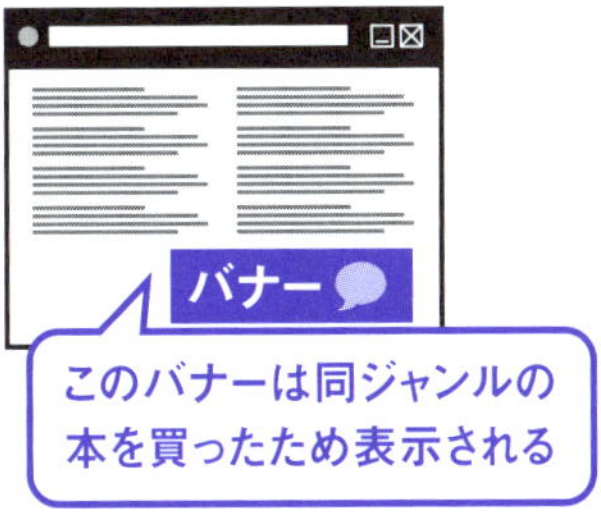
バナー
このバナーは同ジャンルの
本を買ったため表示される

コンテンツ連動

HTMLページ内に記載されてるキーワードに連動して、掲載する広告の内容が変化する

HTMLページの内容と
同じ広告が表示される

位置情報連動

携帯電話のGPS情報を読み取り、近くにある店の広告を表示させる

広告
広告
Facebookなど
でチェックイン
した場所の近
くにある飲食
店などの広告
が表示

5-04

デバイス別に最適化を行う

PCとスマートフォンで異なる見え方

▼広告の位置やサイズに配慮する

かつてインターネットにアクセスする機器はパソコンに限られていました。ウィンドウズとマックで若干異なるとはいえ、見え方が根本的に違うということはなかったのです。ところが現在では、パソコンだけでなく、スマートフォンやタブレットからアクセスするのが一般的。むしろスマホやタブレットで楽しむユーザのほうが多いかもしれません。

同じＷｅｂサイトであっても、パソコンとスマホ／タブレットでは見え方がまったく異なりますし、横画面で見るか縦画面で見るか、またスマホ／タブレットの機種によって画面解像度なども変わってきます。

当然、広告を表示する位置やサイズもパソコンとスマホ／タブレットでは変えなければいけません。スマホ／タブレット向けの最適化が必要になるわけです。同じスマホで閲覧するとしても、スマホ用のＷｅｂブラウザで見るか、アプリ内の表示で見るかによって広告の表示は変わってくるので、デバイスごとの効果的な見え方を常に意識しておきましょう。

デバイス別

PC用とスマホ&タブレット用

同じサイトでも、画面解像度や縦横比に応じて
表示サイズやレイアウト、表示件数を変更

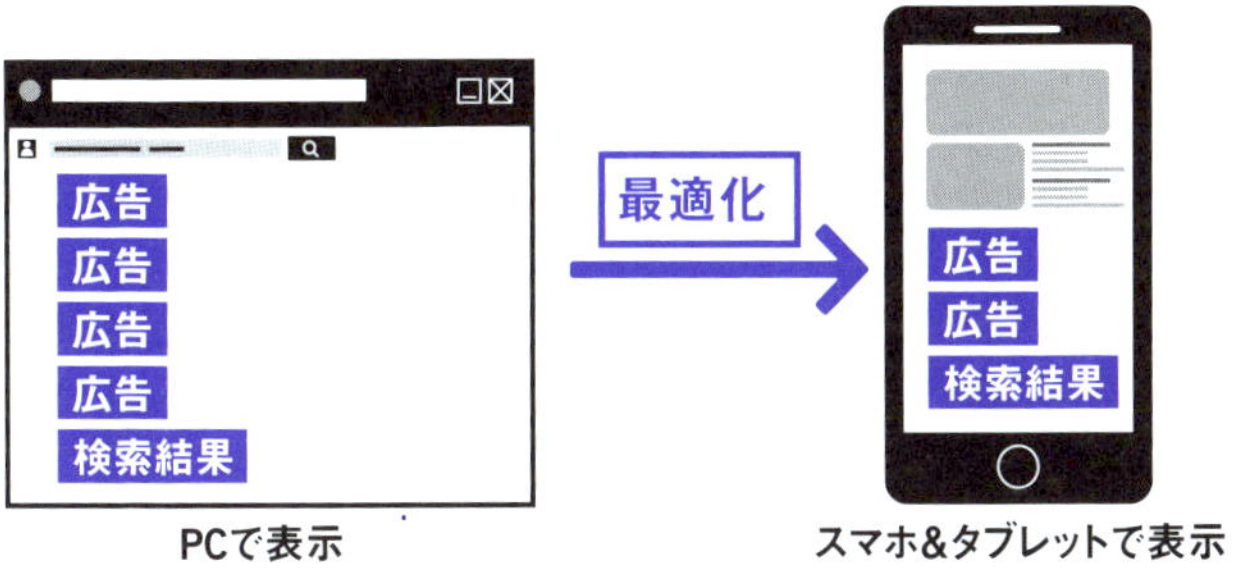

Webブラウザ用とアプリ用

同じスマートフォンで表示する広告でも、スマートフォン用Webブラウザと、
アプリとでは広告表示の自由度は大きく異なる

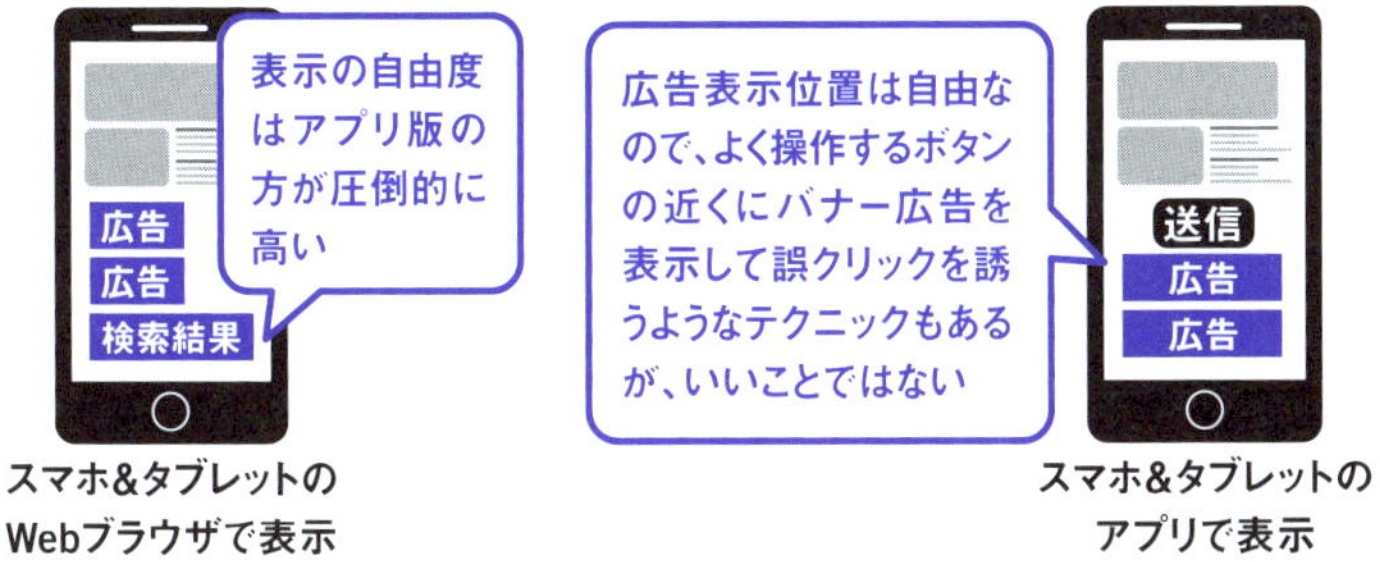

5-05

出稿媒体を選定する

リスティング広告・アドネットワーク・DMP&DSP

▼出稿先によって広告効果が変わってくる

ネット広告を出すにあたっては、出稿先選びも重要な作業です。選択した出稿先によって、必要なコストはもちろんのこと、広告の広がり方やリーチできる範囲なども変わってくるからです。

ネット広告を広くリーチさせたいなら、Google、Yahoo! JAPANといった主要サイトの検索連動型広告（リスティング広告）を利用するのがいいでしょう。

リスティング広告の料金は入札形式になっています。そしてリスティング広告の掲載順位は、その「入札額」に「品質スコア」（Googleアドワーズの場合。Yahoo!プロモーション広告では「品質インデックス」）を掛けることによって決められます。品質スコア（品質インデックス）はキーワードによって表示される広告やＷｅｂページ（ランディングページ）の品質を評価するものです。検索したキーワードに合致した広告やページがきちんと表示されるかをチェックし、その度合によって品質が評価されるわけです。

出稿媒体の選定

主要媒体

Web広告の中で、広くリーチさせたいのであれば、GoogleやYahoo!JAPANのキーワード広告が一般的

アドネットワーク

1社に対して広告出稿の手続きをするだけで、複数サイトへ広告を配信してくれるネットの広告代理店システム

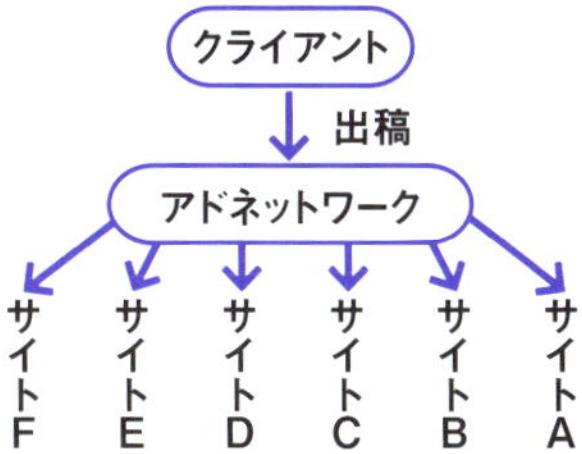

DMPとDSP

DMPは、ユーザデータを収集し、そのデータを利用しやすい形で広告クライアントへ提供する
DSPは、メディアではなく、ユーザ単位で広告を入札して配信する方法

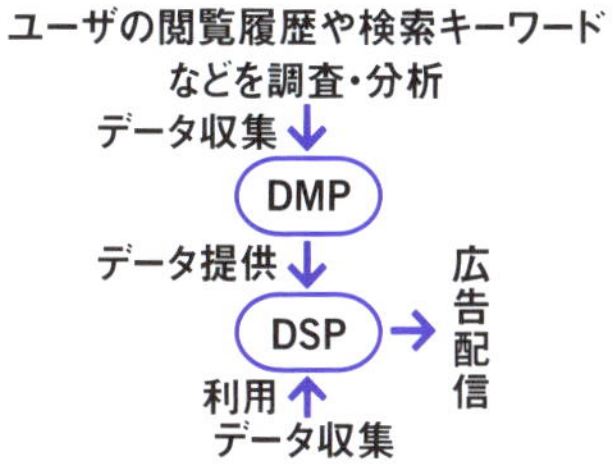

SNS

Facebookの場合、出稿するユーザの年齢や性別、居住地域などを指定できるため、効率的な出稿ができる

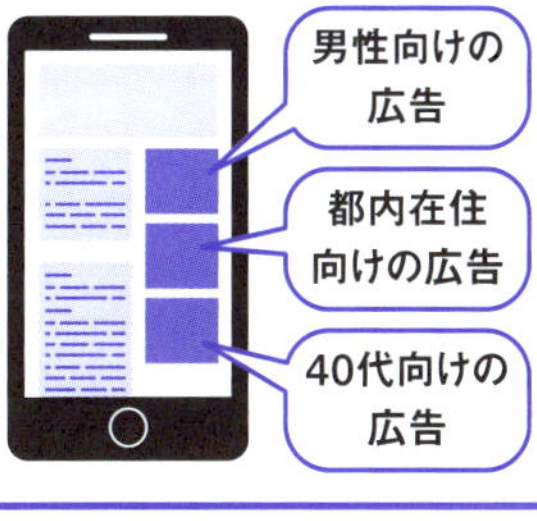

▼ＳＥＭ対策とＳＮＳの活用で広告効果を上げる

タイトル、ディスクリプションに記す内容やＨＴＭＬを最適化するＳＥＯ対策も含め、検索エンジンから自社サイトへの訪問者を増やすために行うマーケティング手法全般を「ＳＥＭ（検索エンジンマーケティング、Search Engine Marketing）」といいます。ＳＥＭの的確な実施が、リスティング広告の効果を大きく左右します。

そして、リスティング広告においては、前ページで紹介した品質スコアも重要なのです。品質スコアを改善すれば広告のクリック単価を改善できたり、より的確なターゲットを自社サイトに呼び寄せられることでコンバージョンの向上や離脱率の低減なども実現できます。ただし、品質スコアが決まる明確な計算式は明らかにされていないので注意が必要です。

一方、ユーザに応じてパーソナライズした広告を配信したい場合は、FacebookなどのＳＮＳも効果的です。

Facebookではユーザの年齢・性別・居住地域などの属性条件を指定して広告を出稿することができます。また、あるFacebookユーザの「友達」は同じような興味・関心や嗜好傾向を持っている場合が多いため、ユーザが広告に「いいね！」を付けたりシェアしたりすることによって広告効果が広がっていく可能性もあります。一方で、記事と記事の間に挿入するインフィード広告は露出が多すぎると嫌気されることもあるため、運用には慎重な検討が必要になります。

▼アドネットワークとDMP／DSP

ひとつの広告を複数サイトに流したいなら「アドネットワーク（広告配信ネットワーク）」を利用するのが便利です。

アドネットワークは、いわばネットの広告代理店のような存在といえるでしょう。一社に対して広告を出稿することで、その会社が持つアドネットワークを通じて数多くのサイトに広告が配信される仕組みです。多数のサイトに配信できるため、広告が表示されるチャンスが高まり、結果的に自社サイトへ多くの訪問者を呼び込める可能性があります。

さらに高度にパーソナライズされた広告を配信したいなら、「DMP（Data Management Platform）」「DSP（Demand-Side Platform）」というプラットフォームを利用するのもひとつの方法です。

DMPは、インターネット上のさまざまなサーバーに蓄積されているデータを収集し、管理する仕組みです。自社サイトのアクセス解析だけでは得られない多様なデータを集め、分析できるのが特徴です。このDMPで集めたデータを、広告効果を最適化したうえで広告クライアントに提供するツールがDSPです。DMPでは自社サイトのユーザ情報だけでなく、外部サーバーにあるデータや、いわゆる「ビッグデータ」も扱うことができます。自社で持つデータに外部データも組み合わせ、ユーザの属性・興味・行動履歴に基づくセグメント化や、パーソナライズした広告の配信が可能になります。

5-06

「リーチ」と「フリークエンシー」を理解する

Web広告界のUUとPVを表す指標

▼閲覧したユーザの数と接触頻度

インターネット広告の効果を測る指標として、「リーチ（Reach）」「フリークエンシー（Frequency）」というものもあります。リーチは広告の到達率を表す指標です。ある特定の広告が一定期間内に、全インターネットユーザのうちどれだけの割合に閲覧されたかを示します。ユーザの実数で表すこともあり、その場合は広告を見たＵＵ（ユニークユーザ）数と同じ意味になると考えることができます。

一方の「フリークエンシー」は、広告に対する接触の頻度を表す指標です。ある特定の広告を、一定期間内に１人のユーザが見た回数（通常は平均値）を表します。こちらはネット広告におけるＰＶ（ページビュー）のようなものだと考えられるでしょう。１人のユーザが同じ広告を３回閲覧すれば、フリークエンシーは３回となります。

いずれも広告がユーザに閲覧された数値をベースとするもので、ユーザがその広告を理解し、アクションを起こしたか（クリックしたか）どうかまでは考慮していません。

「リーチ」と「フリークエンシー」

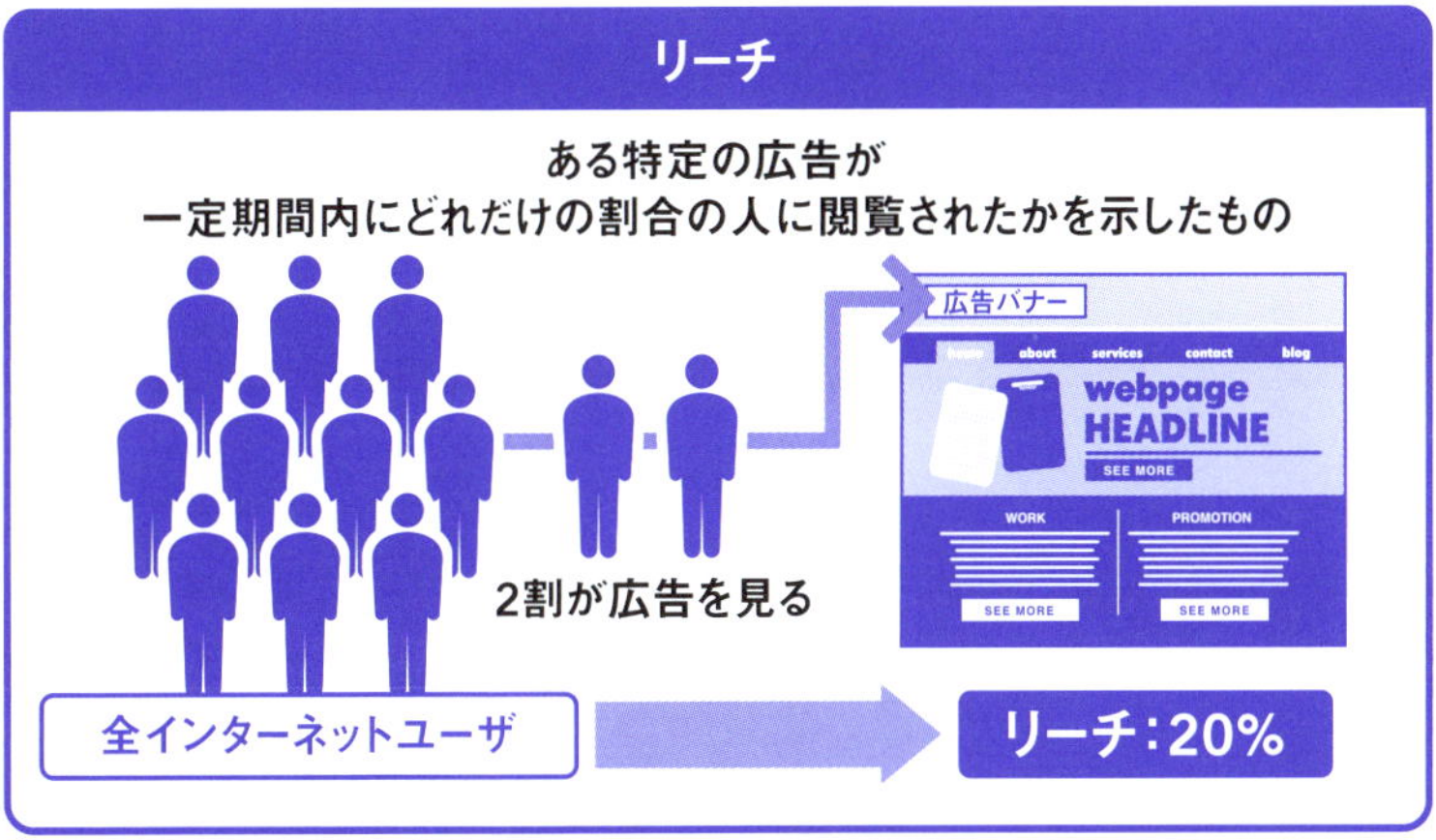

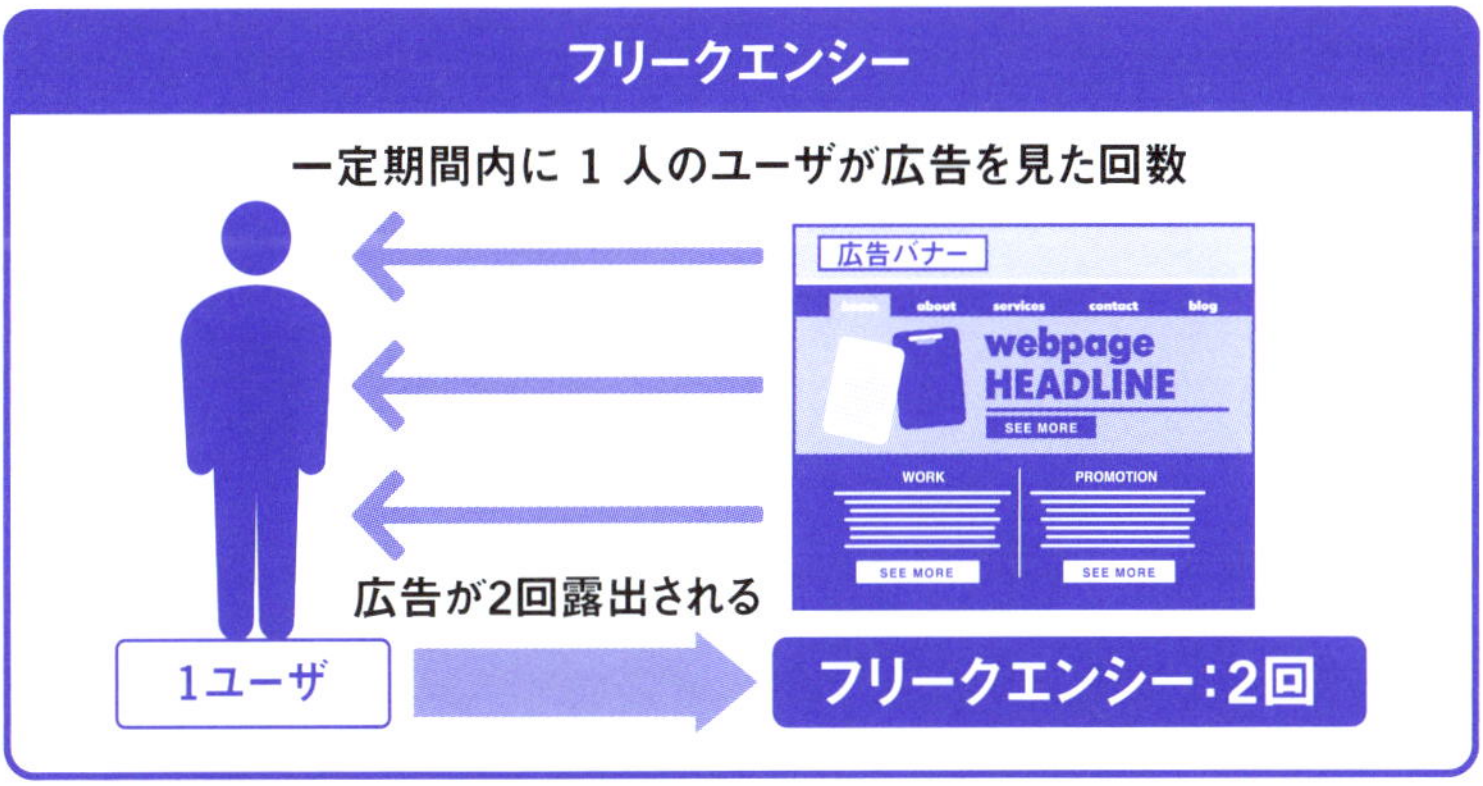

リーチは割合、フリークエンシーは回数と覚えよう!

参考サイト：インターネット広告用語辞典 http://www.okuramkt.com/dic

▼より効果の高い広告を選択するために

実際にネット広告の効果を評価するにあたって、リーチとフリークエンシーのどちらを重要視するかは、広告の内容によって変わってきます。

いま、2種類のバナー広告があるとします。バナー広告Aは、リーチが30％と高い数字を示していますが、フリークエンシーは2回にとどまっています。一方のバナー広告Bは、リーチこそ10％にとどまっていますが、フリークエンシーは5回ありました。

この2種類のバナー広告を比較して考える場合、選択すべき広告としてはどういう判断ができるでしょうか。まず、伝えるべき商品やサービスなどの内容がひと目で理解されるようなわかりやすいものであったり、インパクトが強く興味を持たれやすいような場合は、1度の閲覧でもクリックにつなげられる確率が高いので、とにかくリーチが多いバナー広告Aのほうが効果は高いと考えられます。

反対に、1度見ただけでは内容がよくわからなかったり、インパクトがそれほど強くない内容の商品・サービスの場合は、フリークエンシーが高いバナー広告Bのほうが有効だと考えることができます。

出稿側が真に望んでいるのは、広告が閲覧されることではなく、あくまでもクリックという具体的アクションです。複数のバナー広告から選択する際は、リーチとフリークエンシーを上手に使い分けたいものです。

「リーチ」「フリークエンシー」のどちらを重視するか

「リーチ」の高いバナー広告 A

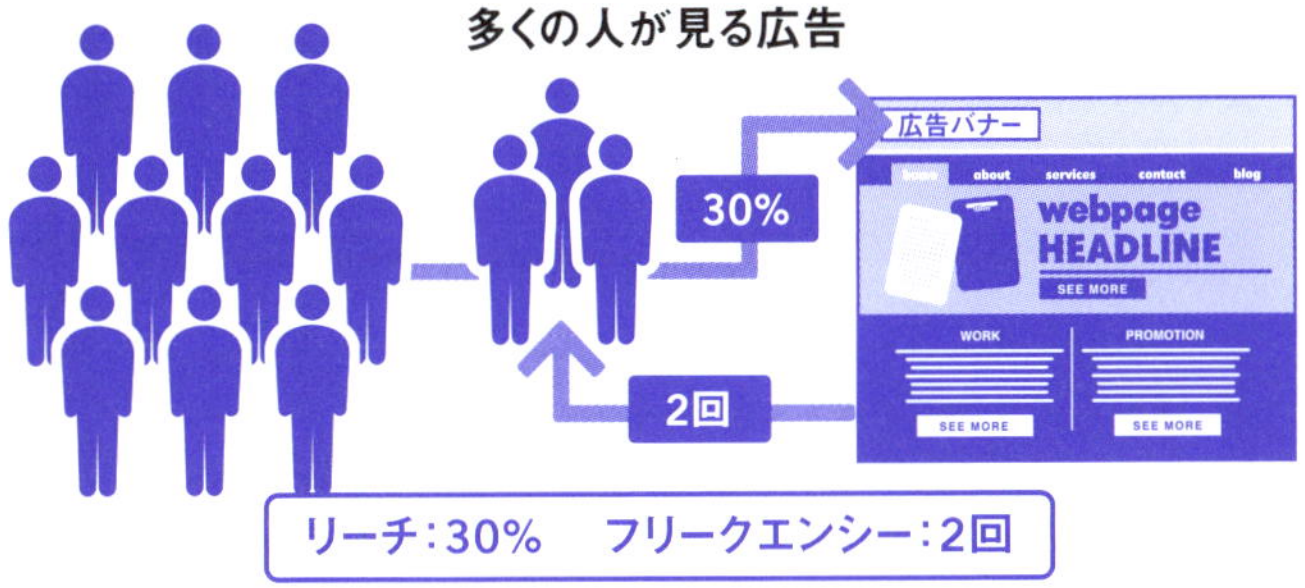

「フリークエンシー」の高いバナー広告 B

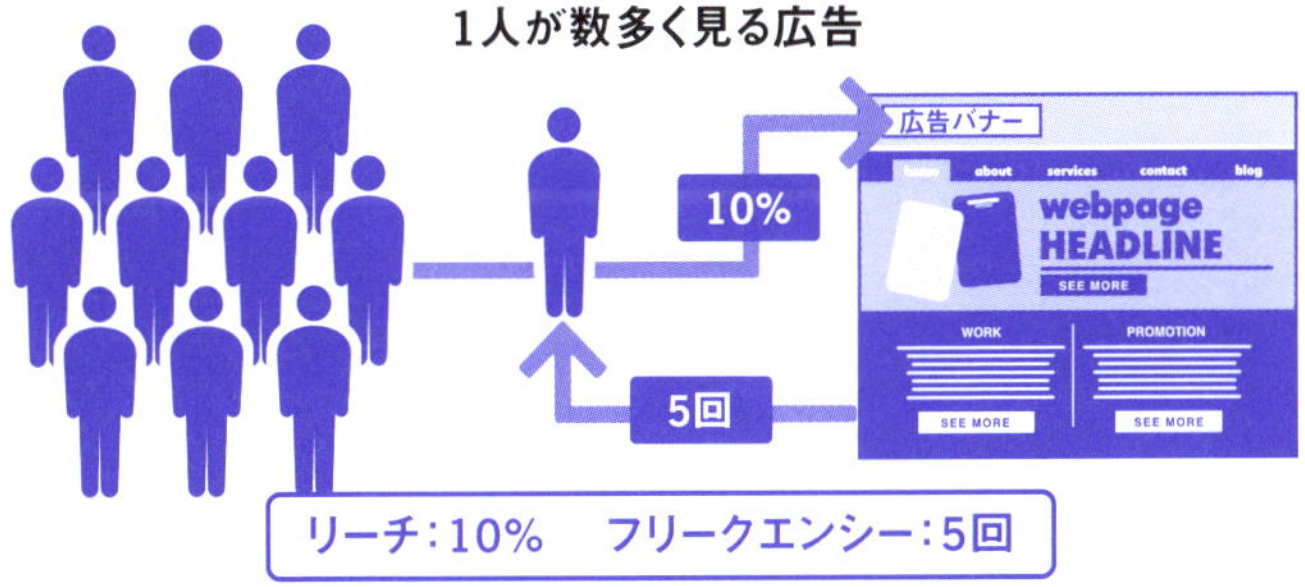

**リーチとフリークエンシーのどちらを重視するかは、
その広告が多くの人に見てもらうのが効果的なのか、
1人に多く見てもらうのが効果的なのか判断しよう!**

参考サイト：インターネット広告用語辞典 http://www.okuramkt.com/dic

5-07

運用は誰が行うのがいいのか

自社で運用するか、代理店に依頼するか

▼自社運用のメリットとデメリット

広告も含めたＷｅｂマーケティングの運用を誰が担当するかは、実際にＷｅｂマーケティングを始めるにあたって大きな問題です。大きく分けて「自社運用」と「代理店運用」が考えられます。

自社で運用する場合は、マーケティング部などの部署が担当することになるでしょう。Ｗｅｂサイトの作成・公開からユーザ管理、アクセス解析や効果測定、さらにサイトのメンテナンスまでを自前で行う必要があります。しかしながら自社運用なら代理店に支払う手数料が不要になるので、コスト面のメリットがあります。ほかにも、広告を出すのは基本的に自社が精通している分野ですので、適切なキーワードやターゲットを選定でき、自社でノウハウを蓄積できればスピーディーに改善できるというメリットもあります。

一方では、ノウハウがまったくない状態ではイチからすべてを担うのが難しい、立ち上げ段階で手間がかかる、専任担当者が必要になるといったデメリットもあります。

自社で運用する場合のメリット・デメリット

❶ Web サイト作成

○ 制作コストが安価
× スキル（専任者）が必要になる

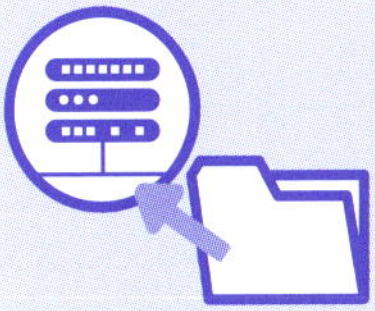

❷ Web サイト公開

○ 公開コストが安価
× スキル（専任者）が必要になる

❸ ユーザとのやり取り

○ コミュニケーションが迅速・的確に行える
× スキル（専任者）が必要になる

❹ 効果測定

○ 調査が迅速・的確に行える
× スキル（専任者）が必要になる

❺ メンテナンス

○ 改善が迅速・的確に行える
× スキル（専任者）が必要になる

▼代理店に依頼するメリットも知る

代理店に運用を依頼するケースでは、代理店手数料などのコストがかかってしまう半面、代理店が持つＷｅｂマーケティングのノウハウをフルに活用できるメリットがあります。

いうまでもなく代理店はＷｅｂマーケティングのプロフェッショナルですから、広告に関する現状や最新動向をきっちり把握しています。自社の要望を余すところなく伝えることができれば、効果的なマーケティング施策を考案してくれるでしょう。もちろんＷｅｂサイトの作成から公開・管理・メンテナンス・効果測定まで代理店が担当してくれます。マーケティング担当は、代理店がまとめてくれたＷｅｂサイトへの反響、売り上げなどをレポートで確認し、さらに効果を上げるための施策を集中して考えることができるでしょう。会社の事情によりマーケティング専任の担当者を置けない場合でも、代理店に安心して任せることができます。ただし、代理店そのものや代理店側担当者の能力によって成果が変わってくることも十分に考えられます。

自社運用と代理店運用のどちらがすぐれているかということは、一概にはいえません。**自社でＷｅｂマーケティングの経験がまったくないなら、最初から自社で運用しようとしても壁が多いことは事実です**。その場合は、まずは代理店に依頼し、一定の成果を出すことを目指すほうがいいかもしれません。もちろん自社にＷｅｂマーケティングに精通したスタッフを抱えているなら、自社運用という選択肢も現実的だといえます。

代理店に依頼する場合のメリット・デメリット

❶ Web サイト作成

○ スキル（専任者）が不必要
× 自社制作よりもコストが高価

❷ Web サイト公開

○ スキル（専任者）が不必要
× 自社公開よりもコストが高価

❸ ユーザとのやり取り

○ 代理店のノウハウが使える
× ユーザと直接コミュニケーションが取れない

❹ 効果測定

○ 代理店のノウハウが使える
× 自社にノウハウが溜まらない

❺ メンテナンス

○ スキル（専任者）が必要になる
× 反映に時間がかかる場合もある

事例⑤

クロックスの広告デザイン

バナーのデザイン変更で数字を上げる

▼伝えたいことがしっかり伝わるデザインを

人気の軽量合成樹脂製靴を製造販売するクロックスは、アメリカに本社を置くグローバル企業です。とりわけ「クロックス」の総称で親しまれるカラフルなサンダルタイプの靴が人気で、おしゃれなブランドイメージも持ち合わせています。

そのブランドイメージを大切にするため、Ｗｅｂサイトはもちろんのこと、広告のデザインにもこだわっています。そして、メールマガジンに載せる広告やバナーのデザインを改善することで、ＣＴＲやコンバージョン率のアップを実現しています。

以前はデザインも社内で行っていましたが、自社の商品だけにさまざまな要素をあれもこれも盛り込みたいという意識が強く、なかなかスッキリしたデザインになりませんでした。また、デザインする人間が社内にいるだけに、意見を言いにくい場合もあったといいます。これを外部制作に変えることで、ディレクションがしやすくなり、伝えたいことがしっかり伝わるようなシンプルで訴求力の高いデザインを実現できるようになりました。

バナーのデザインを見なおしてCVRがアップ

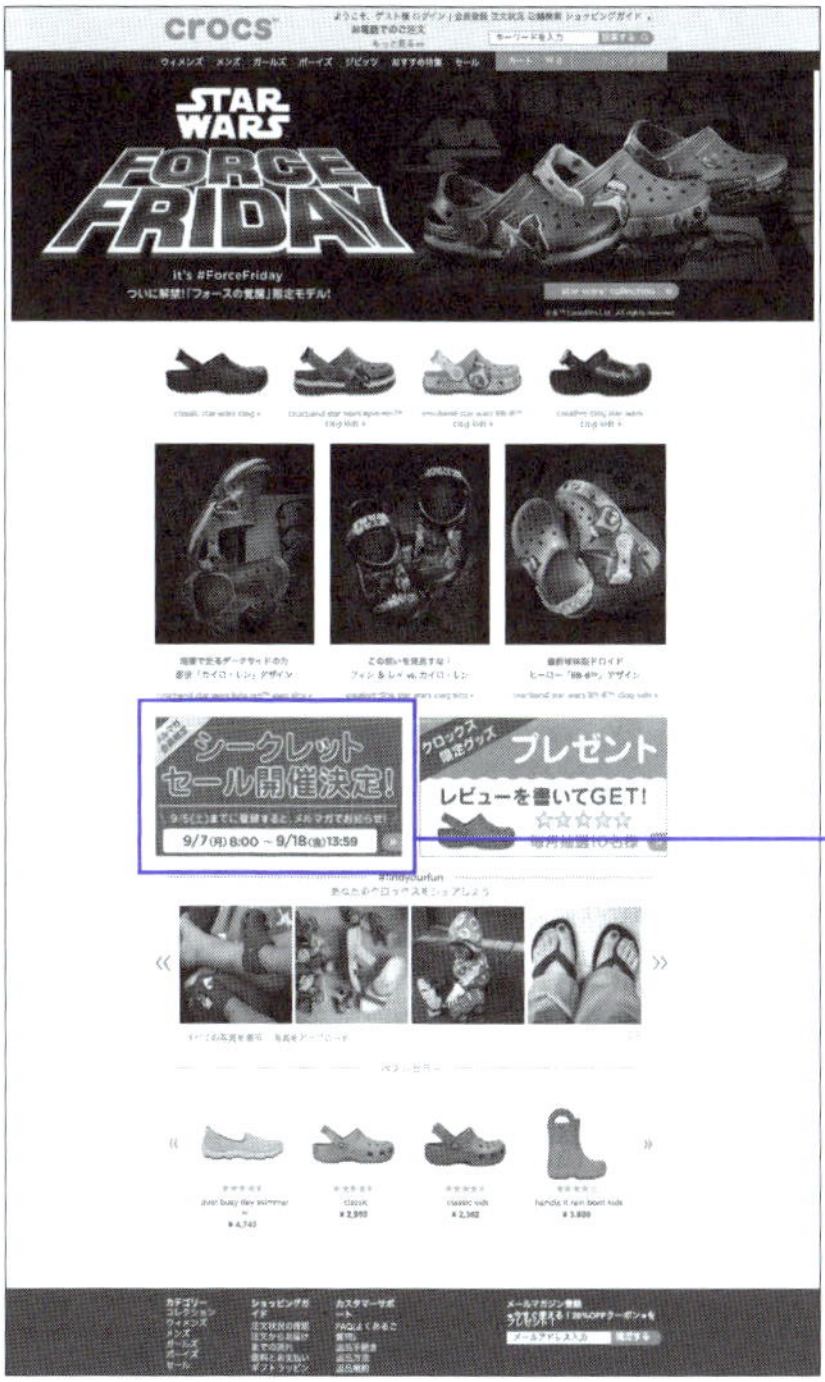

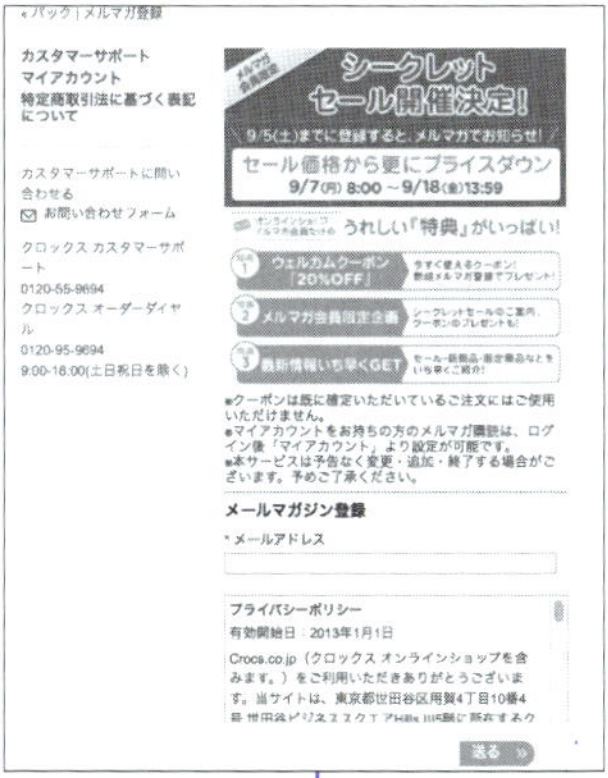

バナーデザインの見直し効果

CVR　**2.0% → 5.4%**

2.7倍UP！

広告効果を可視化して施策に役立てる

実際の事例で見てみましょう。

クロックスでは、メールマガジンや「Google AdSense」「Yahoo!ディスプレイアドネットワーク」などを広告媒体として利用しています。そのうち、メルマガ会員限定で実施したあるシークレットセールの広告で、前回からデザインを変更したところ、CTRが7・00%から8・40%の1・2倍に、CVRは2・00%から5・40%へと2・7倍もアップしました。

商品やキャンペーン内容が同じものであっても、広告デザインを変えることで、CTRや課題が改善される事例が次々と生まれました。テキストの配置、メッセージの強弱、画像や色の使い方などにより、見たユーザがクリックする率を高め、クーポンの利用率やコンバージョン率のアップにつながっています。同様の効果はメルマガ広告だけでなく、Google AdSenseやYahoo!ディスプレイアドネットワークでも出ています。

とはいえ、どのようなデザインにすれば効果的なのかは、ブランドイメージや扱う商品などによっても異なります。Webマーケティングのメリットは、デザイン変更においても結果をすぐに「数字」で見ることができるところ。あるデザインのときのCTRやコンバージョン率がどうだったか、デザインを変えたことによってそれが上がったか、下がったかを把握していくことで、出稿した広告の効果を評価できますし、次回以降のデザインのノウハウとしても蓄積されていきます。

第 6 章

アクセスしてきたユーザを顧客にする

6-01

ランディングページの重要性と最適化

注目されるLPOの手法

▼ユーザが最初に目にするページを充実させる

検索エンジンのキーワード検索結果や他のページのリンクからアクセスされる場合も、ネット広告からやってくる場合であっても、ユーザがリンクをクリックして最初に表示されるページというものがかならずあるはずです。

こうしたページは、外部から飛んできて、そのサイト内に着地するポイントであることから、「ランディングページ(Landing Page)」と呼ばれます。それはあくまでも外部からのリンク先ですので、自社サイトのトップページである必要はありません(もちろん、トップページであってもかまいません)。

ランディングページは、外からやってくるユーザ=潜在顧客が、自社サイト内で最初に目にするページという位置付けです。つまり、ユーザの印象を大きく左右することになります。潜在顧客がその先に進みたくなるような、魅力あるランディングページを作成することが大切でしょう。

ランディングページとは

**検索エンジンやネット広告などのリンク先になるWebページ。
検索結果または広告をクリックして最初に表示されるページになり、
必ずしもWebサイトのトップページである必要はない。**

検索結果をクリック

検索結果の図

ランディングページを表示

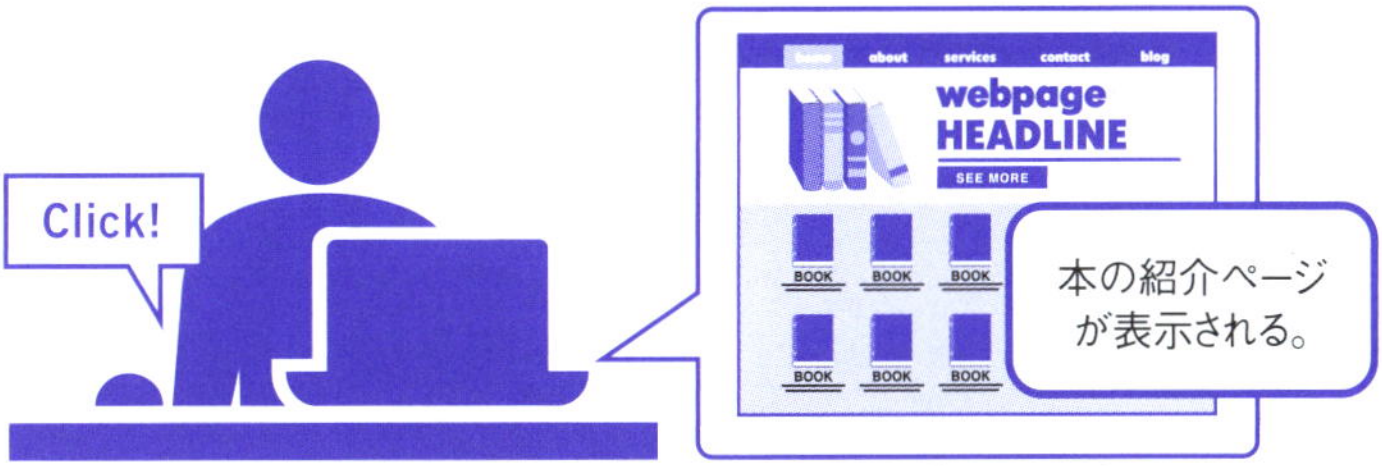

リンク先のページ

ユーザが最初に見るページなので慎重に作ろう

参考サイト：インターネット広告用語辞典 http://www.okuramkt.com/dic

▼潜在顧客をコンバージョンに導くページ作り

ランディングページの有効性を正しく評価するためには、アクセス解析が重要になります。自社サイトへのアクセスを解析して、もしもユーザの直帰率(最初に表示したページから他のページへ飛ばずに離脱する人の割合)が高いようなら、このランディングページに問題があると考えられます。

現在は、ユーザが興味を持ってサイト内の閲覧を続けられるよう、適切なランディングページを作成することがきわめて重要になっています。ユーザ=潜在顧客にきっちりアピールできるように、閲覧するそれぞれのターゲットに適したランディングページを作成することを、「ランディングページ最適化(Landing Page Optimization、ＬＰＯ)」といいます。**ランディングページが最適化され、商品購入やサービス申し込み、資料請求といったコンバージョンへとスムーズに導かれている状態では、サイトを訪れた潜在顧客の多くを「顧客」にすることができるでしょう**。しかしランディングページが適切に調整されていないと、せっかく訪れた潜在顧客の多くがランディングページあるいはそれに続くページでサイトから離脱してしまい、コンバージョン数やコンバージョン率を有効にアップさせることができません。

コンバージョンをアップできないということは、Ｗｅｂサイト構築や広告・ＳＥＯに投資したコストが有効に活かされていないということになり、当然ＲＯＩも下がります。

ランディングページの最適化

自社サイト内のランディングページに対して、
検索エンジンやネット広告からのアクセスが、
コンバージョンに結びつきやすくなるように、調整・改善すること

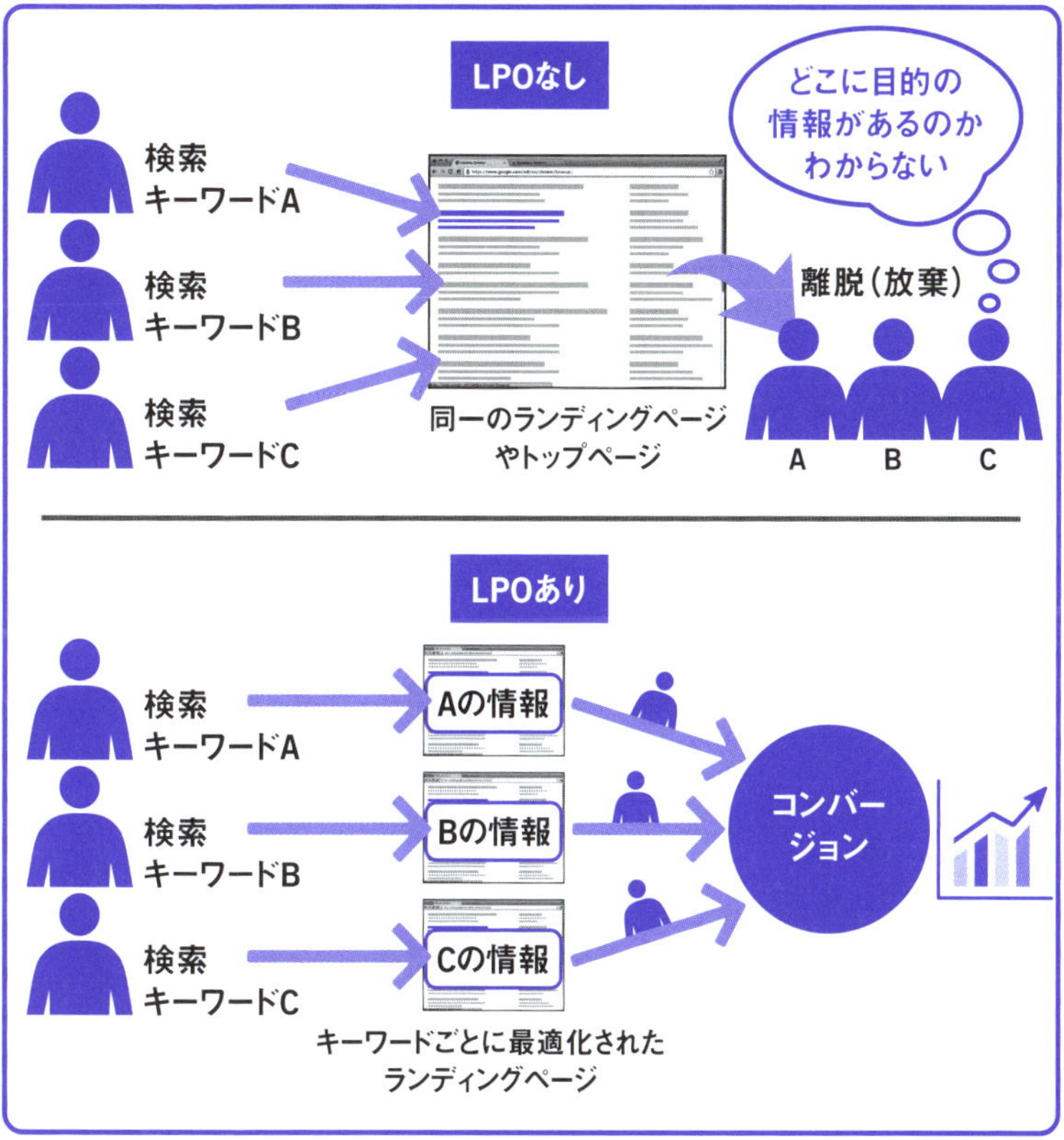

6-02

Ｏｎｅ－ｔｏ－Ｏｎｅのパーソナルアプローチ

一対一の〝個人〟をターゲットにしたマーケティング

▼顧客のパーソナリティを把握するところから始まる

マーケティングの手法のひとつに「ダイレクト・マーケティング」というものがあります。ダイレクト・マーケティングの基本は〝ダイレクト〟という言葉にも表れている通り、企業と顧客個人の間で直接的な付き合いを築き、企業はそれぞれの顧客に応じたマーケティングを個別に行う手法です。１９６１年に提唱された手法で、すでに長い間取り組まれてきました。

Ｗｅｂマーケティングの世界では、このダイレクト・マーケティングが進化したものとして「Ｏｎｅ－ｔｏ－Ｏｎｅ（ワン・トゥ・ワン、一対一）マーケティング」がいまや当たり前のように行われています。Ｏｎｅ－ｔｏ－Ｏｎｅマーケティングでは、顧客一人ひとりの趣味嗜好や属性といったパーソナリティを把握し、過去の購買・閲覧履歴なども参考にして、「その顧客専用のおすすめ」と思わせるアプローチでパーソナライズされた情報提供を行います。不特定多数を相手としたマス・マーケティング（マスメディアの広告など）の対極的な概念ともなる手法です。

One to Oneのパーソナルアプローチ

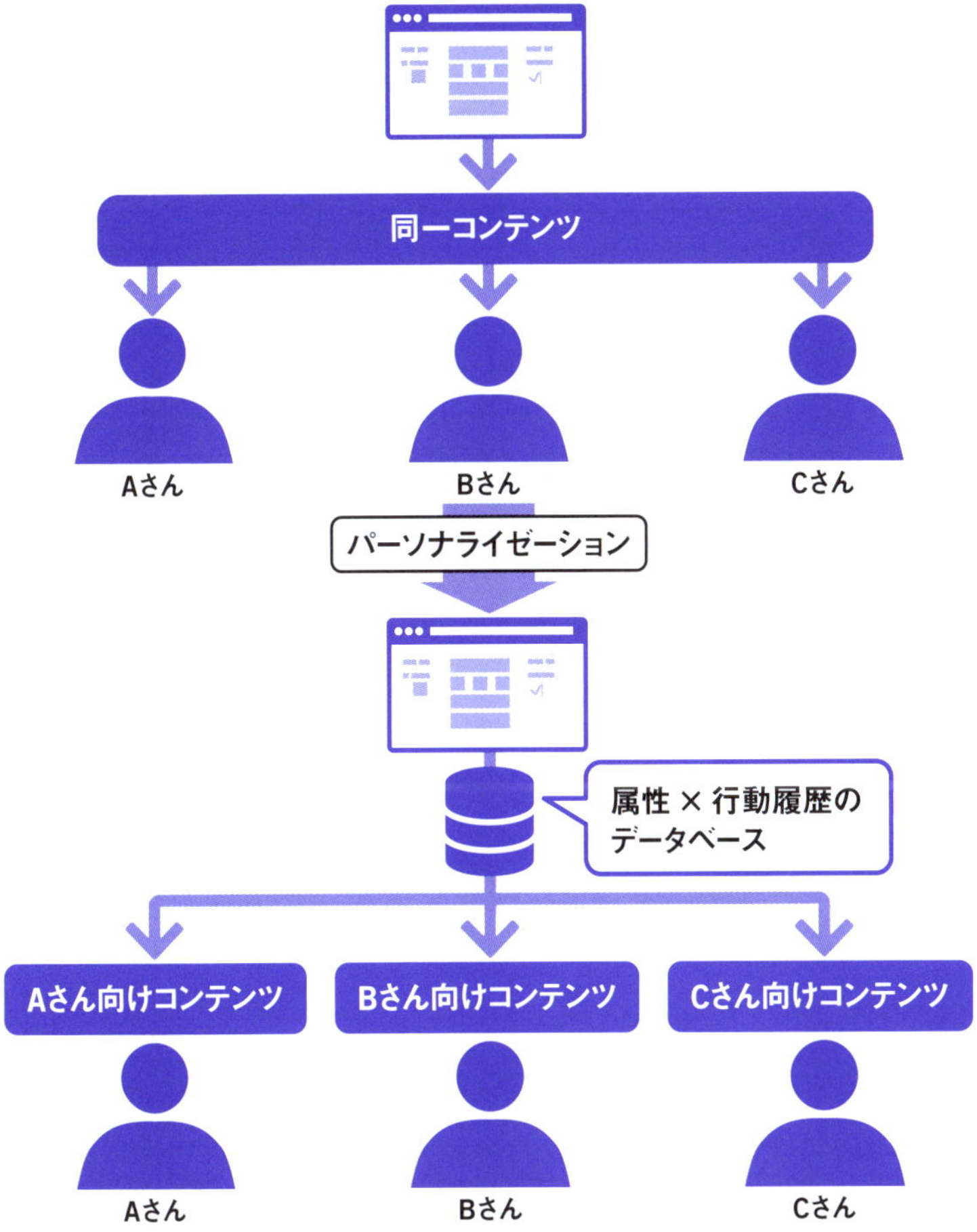

「その顧客専用のおすすめ」と思わせるアプローチ

▼行動ターゲティングで興味を持ちそうな広告を表示

Ｏｎｅ－ｔｏ－Ｏｎｅマーケティングの手法のひとつに「行動ターゲティング広告」があります。これは、顧客の行動に関する情報を収集し、それをもとに顧客の趣味などを推測して、「パーソナライズされた情報」という形で広告を表示する手法です。

行動ターゲティングでは、どのようにして顧客の趣味などを推測するのでしょうか？ そのポイントは、Ｗｅｂサイトです。**その顧客が日頃どのようなサイトを訪問し、どのような言葉を検索し、どのようなＷｅｂサービスを利用し、どのような広告をクリックしているか……といった行動履歴を調べます**。それに加えて、住んでいる地域、出身地、年代、仕事、家族構成といった基本属性情報も収集・蓄積し、顧客が興味を持つであろうジャンルなどを分析するのです。

たとえば、ちょっと単純な例ですが、あるユーザが「温泉」に関するキーワードを数多く検索し、検索結果から九州地方の温泉情報ばかりをクリックしていることがわかったとします。以前のＷｅｂの使用データからこのユーザが「旅行」に興味がありそうだということはわかっているので（たとえば、航空会社や鉄道会社のサイトによくアクセスしている、など）、今度は九州地方の温泉に旅行したいと考えているのだろうと推測し、東京－九州を結ぶ航空路線や九州の温泉旅館の広告をＳＮＳなどに表示します。広告をクリックすると、ユーザ向けに最適化されたランディングページとなっているのが一般的です。

行動ターゲティング広告

特定のユーザがネット上でどのようなサイトを訪問しているのか追跡して、訪れたサイトからそのユーザがどのようなテーマに興味をもっているのか推測し、クリックしてくれそうな広告を表示する仕組み。事前のデータ蓄積が必要で、個人情報を含まないブラウザの閲覧履歴をcookie内に保管して判断を行う

行動ターゲティングの仕組み

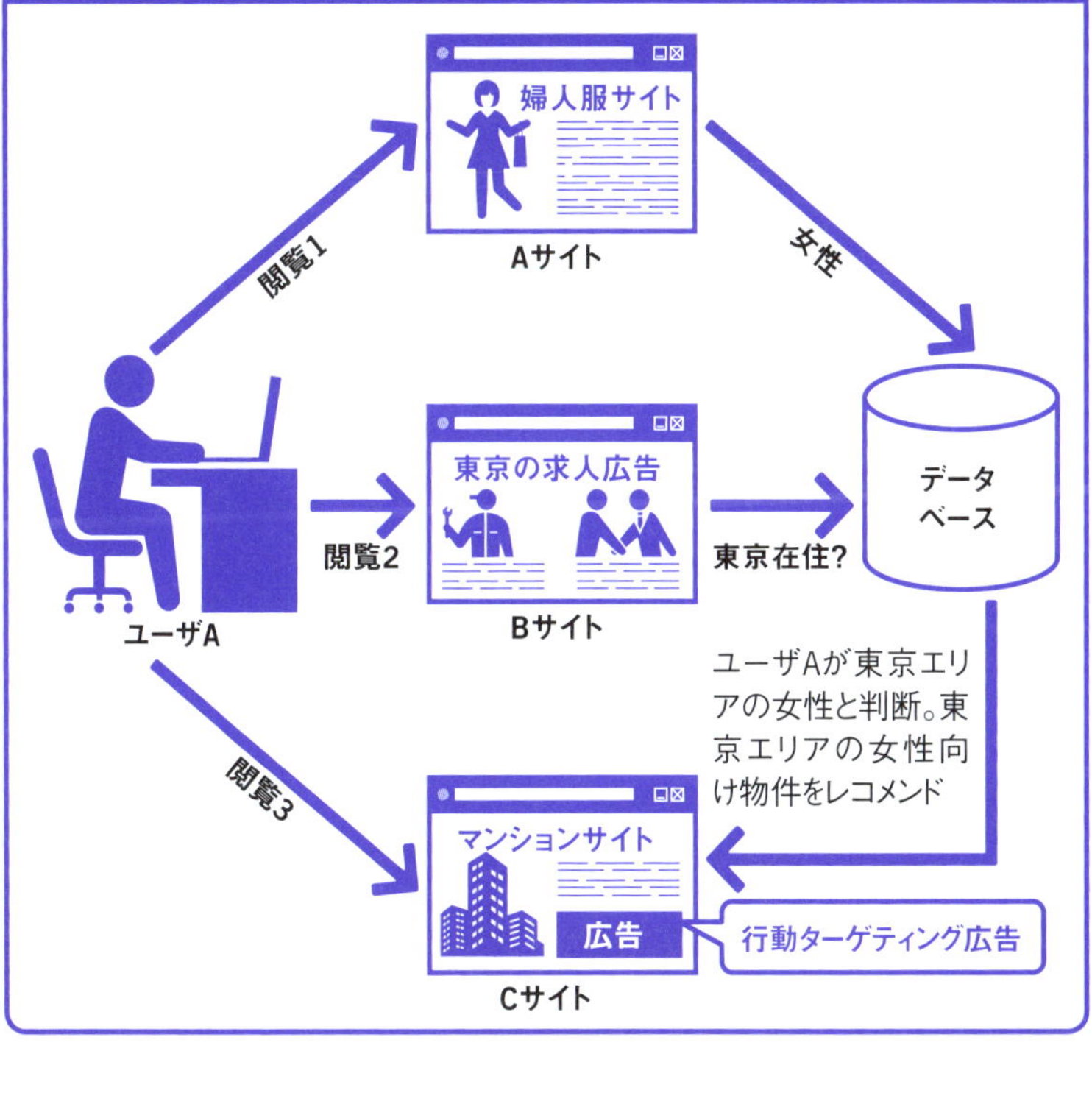

6-03

レコメンデーションを活用する

個々のユーザに向けた「おすすめ」を表示する

▼商品購入履歴やジャンルの関連性から推測

前項で説明した「行動ターゲティング広告」と同様、収集したユーザの行動履歴をもとにパーソナライズするマーケティング手法として「レコメンデーション（Recommendation）」があります。

レコメンデーションは推奨・おすすめといった意味です。**顧客の過去の商品閲覧・購入履歴データをもとに「このユーザはこういうジャンルに興味がありそうだ」「こういった嗜好なら次はこの商品を買うかもしれない」と推測し、「おすすめ」を表示します**。

考えてみれば、レコメンデーションはインターネットの世界以外でも日常的に見かけます。たとえば居酒屋で白身魚が好きな常連に「今日はおいしいスズキが入っているよ」などとおすすめするのも、レコメンデーションの一種といえるでしょう。居酒屋の場合はマスターの記憶や印象などでメニューを推奨しているかもしれませんが、Ｗｅｂマーケティングにおけるレコメンデーションは、きちんとしたデータに基づいて行います。

レコメンデーション

顧客の閲覧・購入傾向を分析することで、
商品やサービスに関する情報を提供する技術のこと

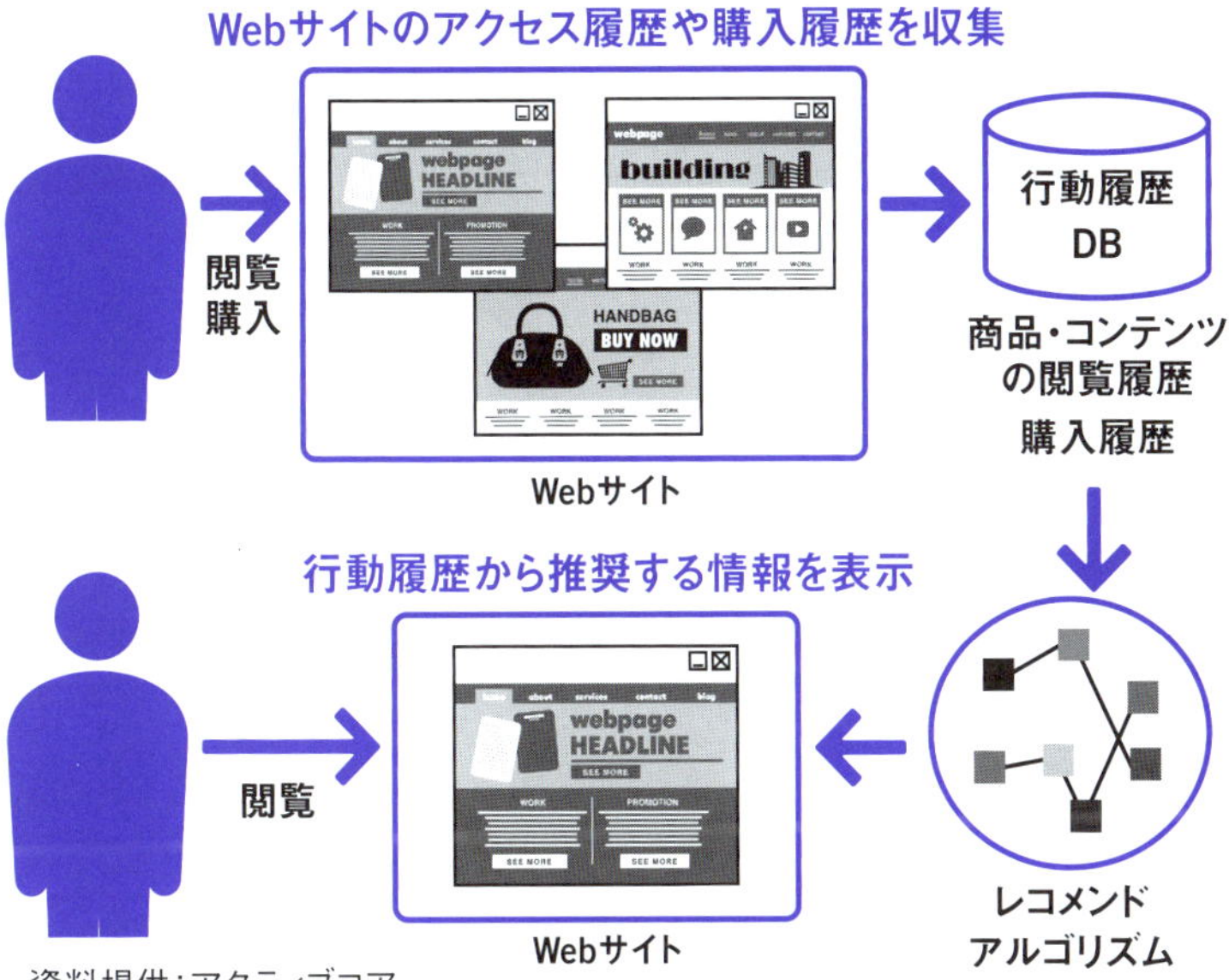

資料提供：アクティブコア

●レコメンデーションの代表例：Amazon

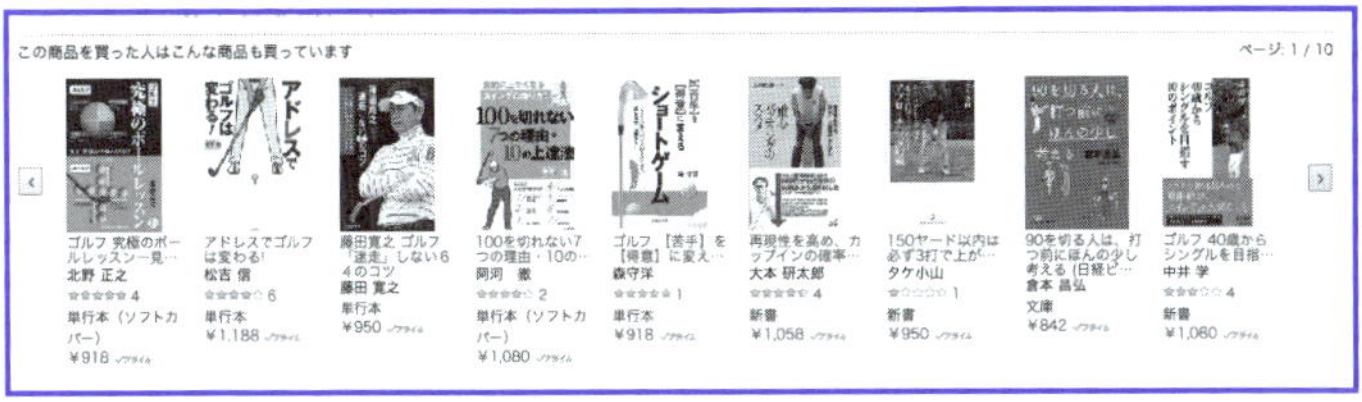

▼データからパーソナライズされたおすすめ情報

レコメンデーションは現在さまざまな企業が採用しています。なかでも代表的な導入事例といえば、やはりAmazonでしょう。

Amazonで書籍や食料、電化製品などの商品を閲覧していると、「この商品を買った人はこんな商品も買っています」や「よく一緒に購入されている商品」「この商品を見た後に買っているのは？」などと表示されますね。これがまさにレコメンデーションの典型です。ある書籍を購入したとき、見やすい位置に表示されたレコメンデーションを見てついつい関連書籍を買ってしまった……という人もきっと多いのではないかと思われます。

ところで、レコメンデーションはどのようなアルゴリズムを採用することによって「おすすめ」を決定しているのでしょうか。

レコメンデーションにおいてもっとも特徴的な手法とされているのが「協調フィルタリング」です。**この手法では、あるユーザの商品閲覧・購入履歴と似ている別のユーザの履歴をもとにして、興味や好みなどを推測します**。たとえば、ユーザAが購入した2冊の書籍を、それ以前にユーザBも購入していたとします。この行動履歴の類似から、AとBは興味や好みが合うだろうと推測し、Bが以前に購入していたほかの書籍をAに対しても推奨する……といった具合です。ユーザBにとっては自分に対してパーソナライズされた情報が表示されたという印象が生まれ、ついつい買ってしまう場合もあります。

▼進化しつつも注意が必要なレコメンデーション

一方、レコメンデーションでは「コンテンツベースフィルタリング」という手法も使われます。**こちらは行動履歴ではなく、商品・サービスといったコンテンツの類似性にポイントを置きます**。筆者、ジャンル、出演者など関連性のあるコンテンツをあらかじめグループ化しておくことで、ユーザにレコメンドする仕組みです。

例としては、ユーザが購入した書籍の著者の別作品を表示するとか、鍋を買ったユーザに他のキッチン用品もおすすめする、といった具合です。

いずれのケースでも、最近では、それほど露骨に「おすすめ」とは表示しないケースも増えてきました。たとえば渋谷の中華料理店を検索すると、同じ渋谷にあるレストランや、中華料理で人気の他のお店をランキング形式で挙げるなど、よりさりげない形でのレコメンデーションも普及しています。

これはＯｎｅ－ｔｏ－Ｏｎｅマーケティングとも共通するのですが、あまりにも自分の興味に立ち入った（ような印象をユーザが受けてしまう）おすすめであったり、あるいは一時たまたま何度か検索したもののその後は興味も持っていないジャンルのおすすめが頻繁に表示されると、むしろ不快感を持ってしまうユーザも多いからです。

インターネットとデジタルデータによって進化した現代版のおすすめ機能ですが、活用法には一定の注意を払うべきでしょう。

6-04

バカにできないEFO(エントリーフォーム最適化)

ユーザが入力しやすい環境をつくる

▼入力が面倒だとユーザが離脱する可能性も

Webサイトで商品を購入したり、会員登録したりする際の個人情報の入力作業は、なにかと面倒なものでしょう。「入力ボックスが多すぎる」「(住所など)全角で入力しろと書いてあるのに半角から全角に自動で切り替わらない」など、みなさんも入力していて思わず文句を言いたくなる場面に遭遇したことがあるかもしれません。

情報を入力する欄のことを「エントリーフォーム」といいます。エントリーフォームでの情報入力に際して、ユーザの手間を可能なかぎり減らし、正確に、かつ短時間で入力できるようにエントリーフォームを最適化することを「エントリーフォーム最適化(EFO、Entry Form Optimization)」といいます。Webマーケティングでは、エントリーフォーム対策が欠かせません。**エントリーフォームに不備があったり、入力しにくかったりすると、ユーザはその場で入力をやめ、離脱してしまう可能性もあります**。たかがエントリーフォームなどと考えず、しっかり対処しておきましょう。

EFO（エントリーフォーム最適化）①

EFOとはEntry Form Optimizationの略で、
ユーザの入力の手間を減らし、より短時間で正確に入力が
完了できるように入力フォームを最適化すること

EFOの代表例

●入力項目は必須項目に絞る

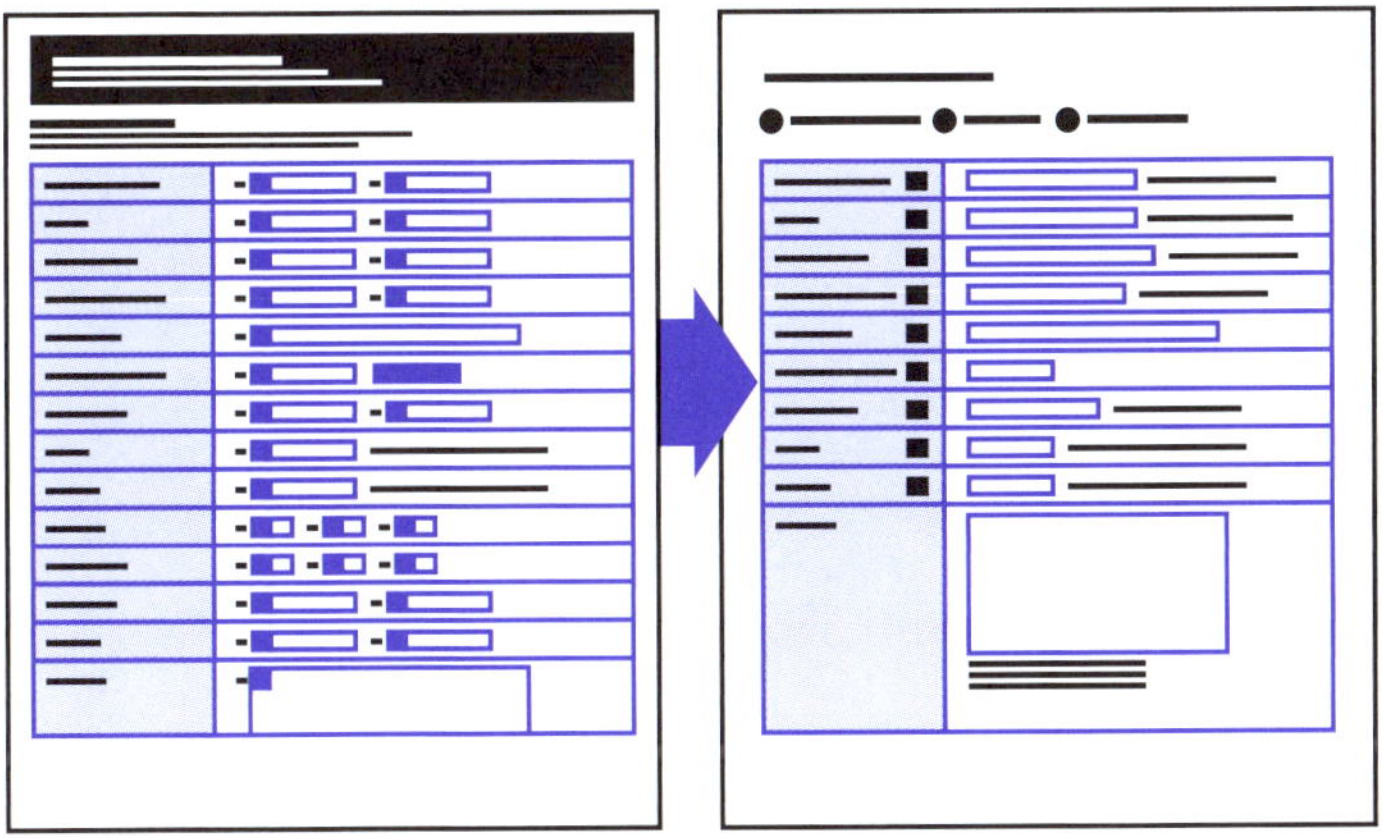

入力項目が多いとフォームの入力を放棄する数が増える

●半角・全角の切り替えをユーザに任せない

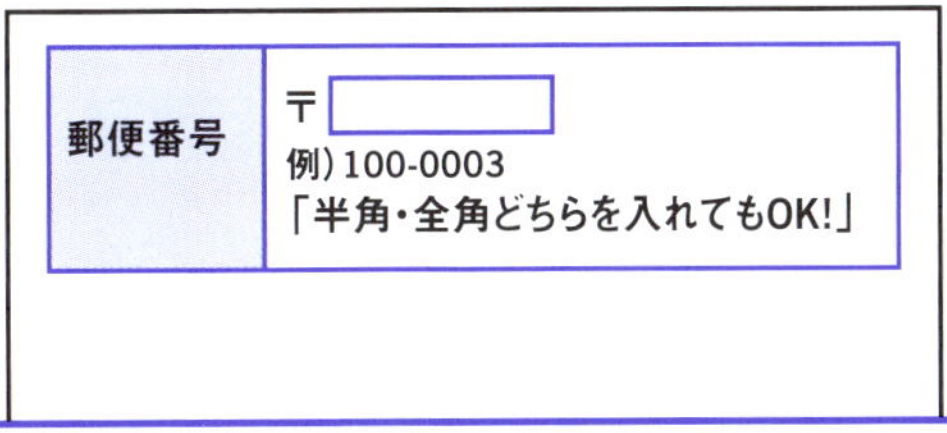

ユーザが、キーボードの入力タイプを切り替えたりすると、誤入力が増えて離脱する

▼エントリーフォーム最適化を行う際のポイント

ＥＦＯを行う際に心がけたいポイントとしては、「正確かつ的確に入力できるようにする」「入力の手間を少なくする」「入力エラー時の対応をわかりやすくする」の３点が挙げられます。

これらのポイントに応じて、エントリーフォームの各項目や入力のしやすさなどを一つひとつチェックしていきましょう。

たとえば、次のような最適化が考えられます。

- 入力項目を必要最低限にする
- 入力ボックスをむやみに分割しない
- 半角あるいは全角入力を指定する場合は自動で切り替わるようにする
- 入力にエラーがあるときはリアルタイムに表示する
- 住所は郵便番号から自動入力できるようにする
- 全項目の入力が完了したことをわかりやすく表示する

入力ボックスが多すぎたり、住所等の入力ボックスが細かく分割されすぎたりしていると、ユーザは入力作業を面倒に感じてしまいます。また、メールアドレスやパスワードなど登録時に再入力が必要なものも、あまりに多すぎるとやはりユーザは嫌気がさすものです。購入へのモチベーションを下げてしまうことでしょう。

EFO（エントリーフォーム最適化）②

EFOとはEntry Form Optimizationの略で、
ユーザの入力の手間を減らし、より短時間で正確に入力が
完了できるように入力フォームを最適化すること

●入力エラーはリアルタイムに表示する

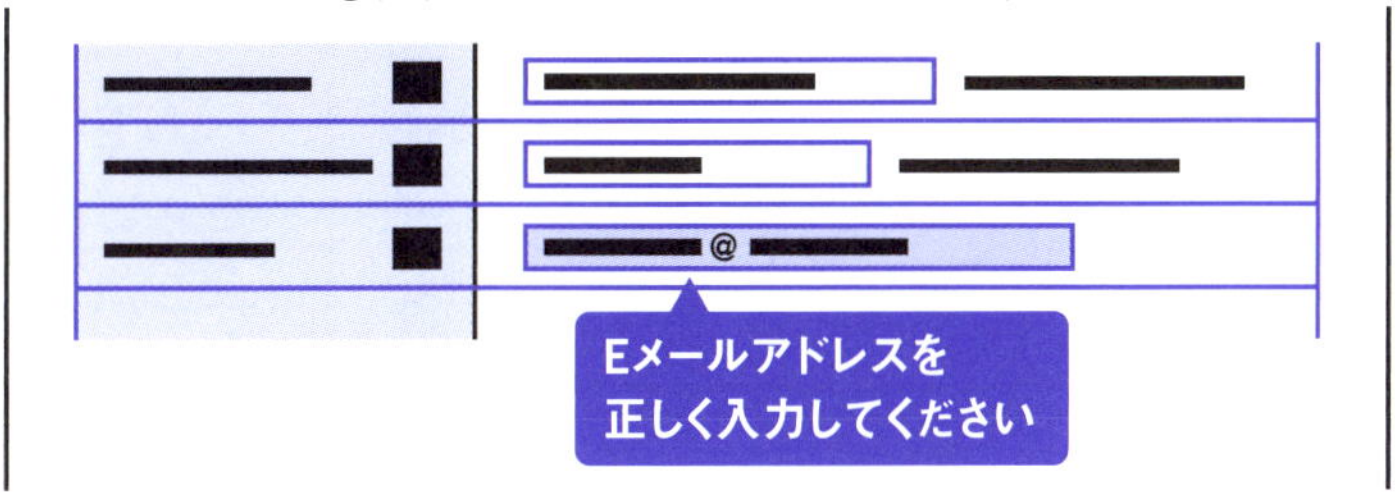
@
Eメールアドレスを
正しく入力してください

最後にエラーをまとめて出すのは、
ユーザのモチベーションを下げ、放棄率を激増させる

●作業段階がわかるナビゲーションをつける

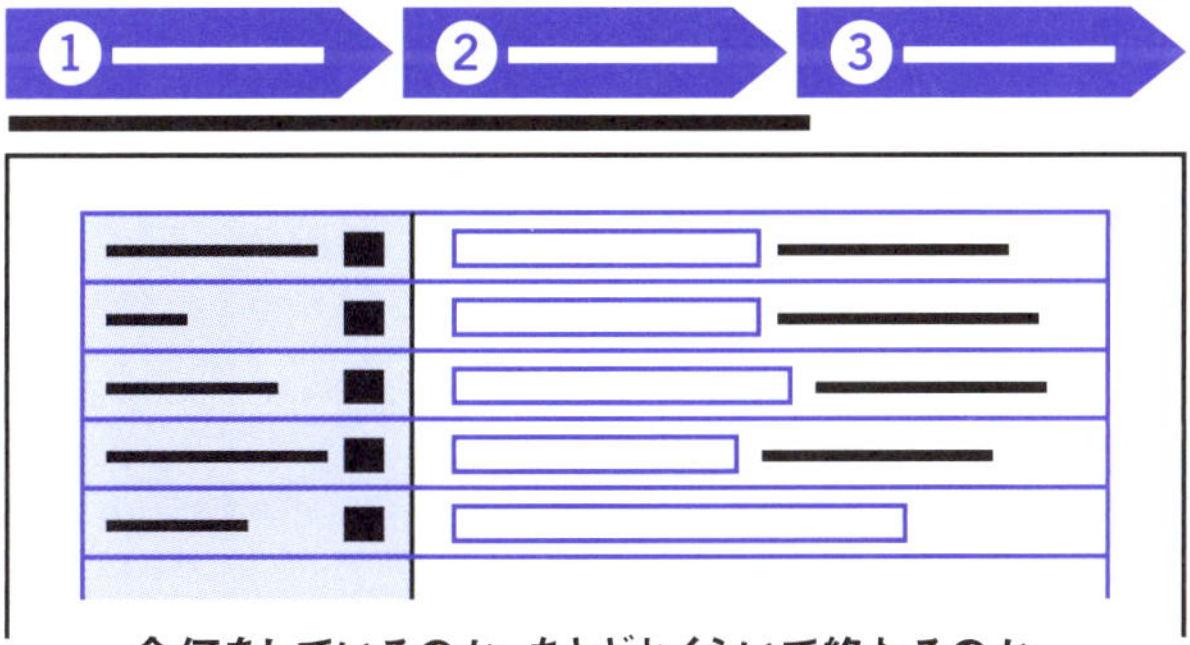
①
②
③

今何をしているのか、あとどれくらいで終わるのか、
がわかるステップをつけるとユーザは送信しやすくなる

6-05

顧客の会員化とポイント、クーポンの活用

ユーザにとってのメリットをしっかりアピールする

▼会員制度はマーケティング推進のうえで効果が大きい

現在は、SNSなどの会員制サービスだけでなく、ネットモールや個別ショップ、企業サイトなどにおいても、「会員」としてユーザを囲い込む取り組みが積極的に行われています。

会員制度は、サービスを提供する側からすれば数々のメリットがあります。**ユーザの管理がしやすくなり、個人の行動履歴（過去の閲覧・購入履歴など）を効率的に集められるため、One-to-Oneの個別アプローチも有効に行えます**。当然、その結果としてリピーターを獲得しやすくなり、「商品が自動的に売れていく」という理想の仕組みに近づくことも可能になります。

一方で、会員を集めるには、ユーザにとってのメリットを訴求することも必要になるでしょう。ユーザの立場から見て「会員になってよかった」と思えるようなサービスをアピールし、それを受け入れてもらえなければ、ユーザがわざわざ面倒な登録作業を行ってまで会員になってくれることはありません。

ユーザの会員化

ネットショップ、企業サイトでも「会員」として
ユーザを囲い込む取り組みが積極的に行われている
（画面例はマイナビブックス）

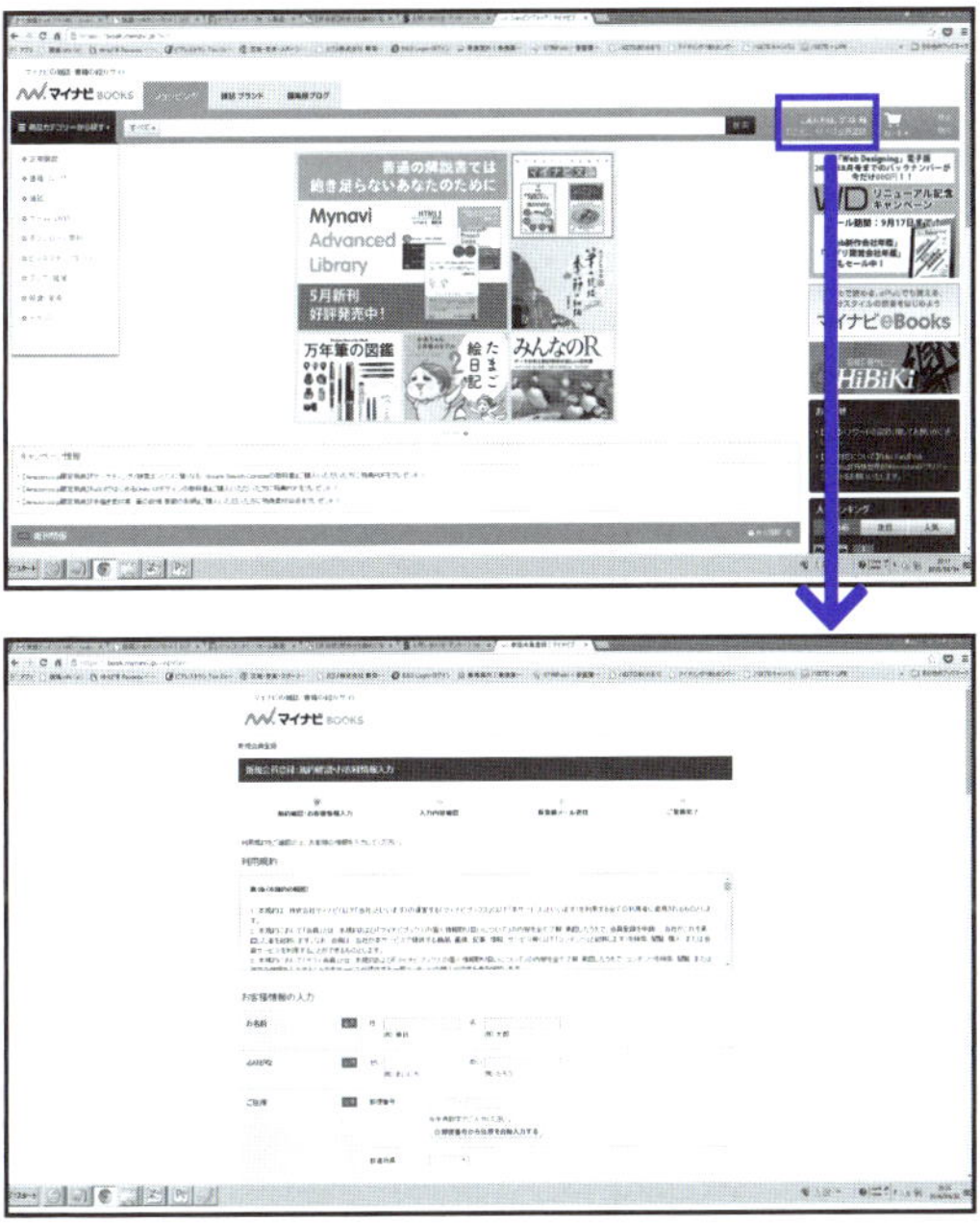

〈メリット〉

- 個人の行動履歴（過去の閲覧・購入履歴など）を効率的に集められる
- 個別アプローチも有効に行える
- リピーターを獲得しやすい

会員を集めるにはユーザから見て「会員になってよかった」と
思えるサービスの提供が必要

▼ポイントとクーポンでユーザにメリットを提供

前述のように、会員登録はＷｅｂマーケティングを行ううえでサービス提供側にメリットの大きな仕組みです。**一方で、ユーザ側から見ると会員登録は基本的に面倒な作業ですし、登録が増えすぎたら会員情報の管理も大変になります。**そこで会員登録の推進には「ユーザにとって、会員登録することでどれほどのメリットがあるのか」をわかりやすくアピールし、なおかつ入会後に多彩なサービスを定期的に提供していく必要があります。

実際にさまざまなサイトでさまざまな取り組みが行われていますが、会員登録のメリットとして代表的なサービスは「ポイント」と「クーポン」です。

購入額に応じてポイントを付与し、たまったポイントは次回以降のショッピングに利用できる仕組みは、Ｗｅｂに限らず実店舗でも以前から行われているのでおなじみでしょう。これを発展させ、各種ポイントサービスと提携することでユーザの活用範囲を広げたのが、カルチュア・コンビニエンス・クラブが提供する「Ｔポイント」です。提供側からすれば、幅広いサービスと連携することで、より多くの顧客情報を集められる利点があります。

一方、クーポンも「楽天市場」「ポンパレ」「食べログ」などをはじめ数多くのサービスで導入されています。ビジネスモデルはそれぞれに特徴がありますが、発行したクーポンで商品・サービスの価格を割り引き、サイトの利用率やリピート率を高めるという基本は共通しています。

ポイント、クーポンの発行

●Tポイント

カルチュア・コンビニエンス・クラブが提供するポイントサービス。
各種ポイントサービスと提携することでユーザーの活用範囲を広げた
URL:http://tsite.jp/

●楽天クーポンサービス

楽天が提供するクーポンサービス。
楽天市場や楽天ネットスーパーをはじめとする各種サービスで利用できる
URL:http://racoupon.rakuten.co.jp/?sclid=a_pcsl_000215

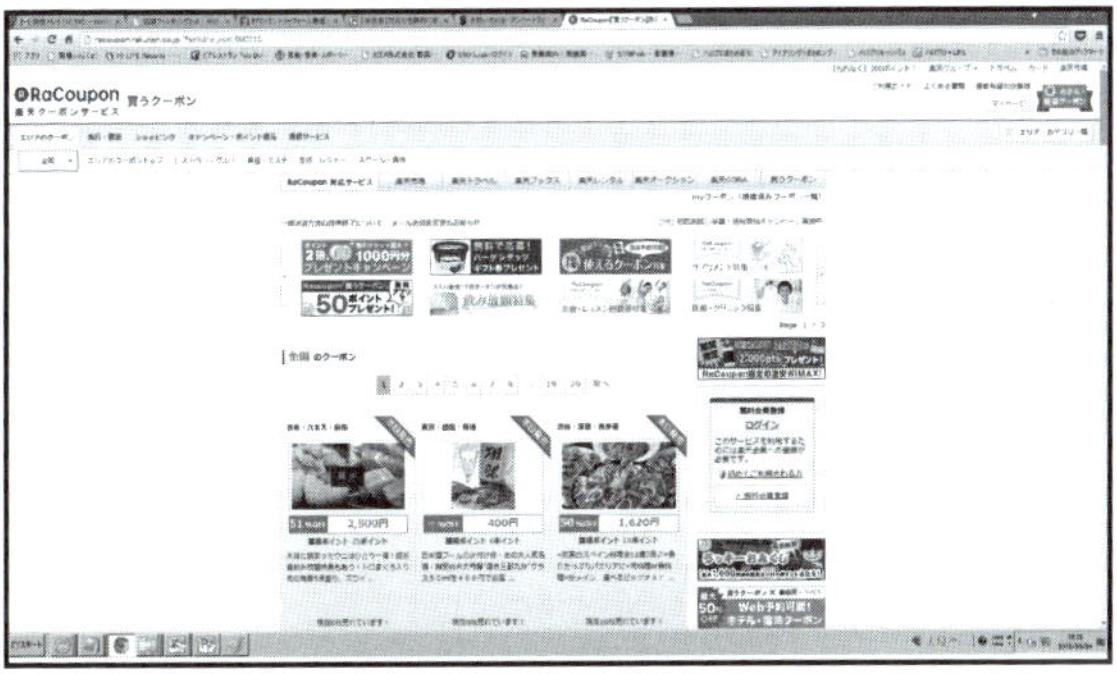

6-06

超ごひいき顧客を作ろう

〝自動的に売れる〟リピーターの獲得

▼行動的ロイヤリティへと導きファンを作る

野球チームと同じように、企業やブランドにも「ひいき」があります。たとえば、自動車を買うなら常にA社、家電ならB社、スマホならC社のDブランド……といった具合に、他の選択肢をハナから考えず、特定の企業やブランドばかりを購入する人は意外と多いものです。**ごひいきやファンの中に「ロイヤリティ（Loyalty、忠誠心）」を醸成し、〝超ごひいき〟にできれば、企業にとって強いのは言うまでもありません。**超ごひいきの顧客が生まれる過程を、アメリカの学者、リチャード・オリバーは4段階に分類しています。

まずは、知識や経験を通じてほかよりも好ましく感じます（認知的ロイヤリティ）。続いて、製品やサービスを実際に使って満足を感じ「好きだから買う」という感情を持ちます（感情的ロイヤリティ）。さらに、何度も購入することで再購入への意欲が高まり（行動意欲的ロイヤリティ）、最終的に真のロイヤリティが育った超ごひいき状態（行動的ロイヤリティ）に到達します。

超ごひいき顧客を作ろう①

超ごひいき顧客

4段階目の「行動的ロイヤリティ」になれば超ごひいき顧客となる!

行動的ロイヤリティ

再購入が促進され、本当のロイヤリティが育った状態

行動意欲的ロイヤリティ

何度も購入することで、再購入する意欲が高まった段階

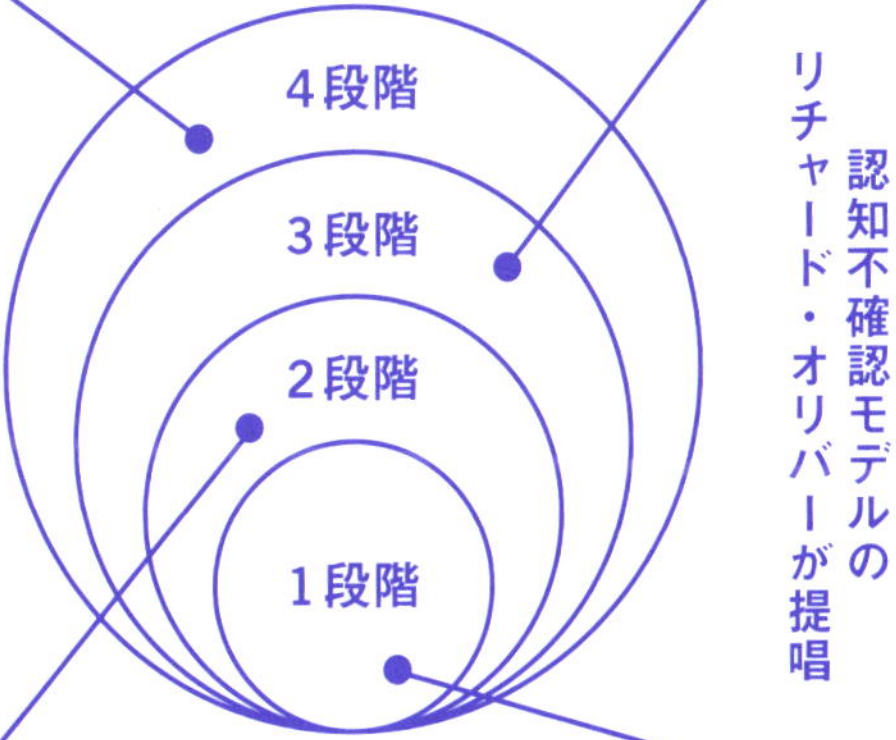

感情的ロイヤリティ

製品やサービスを利用し続けることで満足が深くなっていき、自分が好きだから買う、という感情を持っている段階

認知的ロイヤリティ

あらかじめ得た知識や経験を通じて、ほかのブランドよりも好ましくとらえている段階

▼４段階の価値を提供して顧客の評価を高める

超ごひいき顧客に育ってくれるように仕向けるには、まず顧客が求めている価値を特定する必要があります。**アメリカの経営コンサルタント、カール・アルブレヒトは、顧客が企業やブランドに価値を見出す要因を「基本価値」「期待価値」「願望価値」「未知価値」の４段階に分類しました。**

基本価値は、製品やサービスにとって欠かすことのできないものです。理髪店を例に考えてみるなら、髪をカットすることがこれに当たります。期待価値は、顧客が製品やサービスに対して当然期待する要素です。髪をカットしてくれるのは当たり前、それに加えて「こういう髪型にしたらもっと似合いますよ」とか「この部分は切らないほうがいいですよ」などと提案してくれることを、当然のサービスとして期待しているでしょう。願望価値は、かならず期待しているというほどではないけれど、もしそうであったらうれしい、という要素です。たとえば髪を洗うとき、髪を美しくするシャンプーや抜け毛予防のシャンプーを使ってくれたなら、その理髪店への評価も自然と高くなります。そして最後の未知価値が、想像を超えたサービスを提供され、顧客が感動すら覚える要素です。自分をカットしてくれるデザイナーが有名人も担当しているようなら、エクストラな喜びを得られるでしょう。

これらの4段階でそれぞれ期待を上回る製品やサービスに出合うことができれば、顧客のロイヤリティは向上します。とくに願望価値や未知価値の実現はきわめて効果的です。

超ごひいき顧客を作ろう②

未知価値

期待や願望を超えた製品やサービスが提供され、驚きを得るような要因

願望価値

かならず期待しているわけではないが、もし提供されると高く評価する要因

期待価値

顧客が提供されて当然だと思っている要因

基本価値

製品やサービスに絶対不可欠な要因（基本的な機能など）

それぞれの段階で期待を上回れば顧客ロイヤリティが向上する

理髪店の顧客ロイヤリティの場合

願望価値や未知価値を実現することが大切!

未知価値

一流芸能人を担当するヘアデザイナーがカットしてくれる

願望価値

美しい髪にしたり、抜け毛を予防するシャンプーを使ってくれる

期待価値

分に似合う髪型を提案してくれる

基本価値

髪をカットする

6-07

ブランディングサイトとＥＣサイト

Ｗｅｂサイトの２つのスタイル

▼商品・サービスを販売するＷｅｂ上のスペース

ＥＣサイトは、商品やサービスを販売するサイトのことです。狭義では企業（メーカーなど）が自社の商品やサービスを直接販売するサイトのことを指しますが、一般的にはショッピングモール、小売店舗など他社の商品を販売するサイトのこともＥＣサイトと呼びます。なお、ＥＣはElectronic Commerceの頭文字を取った略語で、日本語では「電子商取引」と呼ばれます。

代表的なＥＣサイトといえば、Amazonや、ショッピングモールの楽天市場、家電のヨドバシカメラといったあたりがなじみ深いでしょう。その他、さまざまなメーカーやサービス提供会社、出版社、旅行会社なども自社商品を販売するＥＣサイトを設けています。

ＥＣサイトでは、顧客、商品、受注、発送（配送）といったさまざまなデータ（マスタ）を基幹システムと連動して一元管理することで、マーケティング力をアップさせ、作業効率の向上やヒューマンエラー（操作ミス）削減なども図れるようになります。

ECサイト

●代表的なECサイト

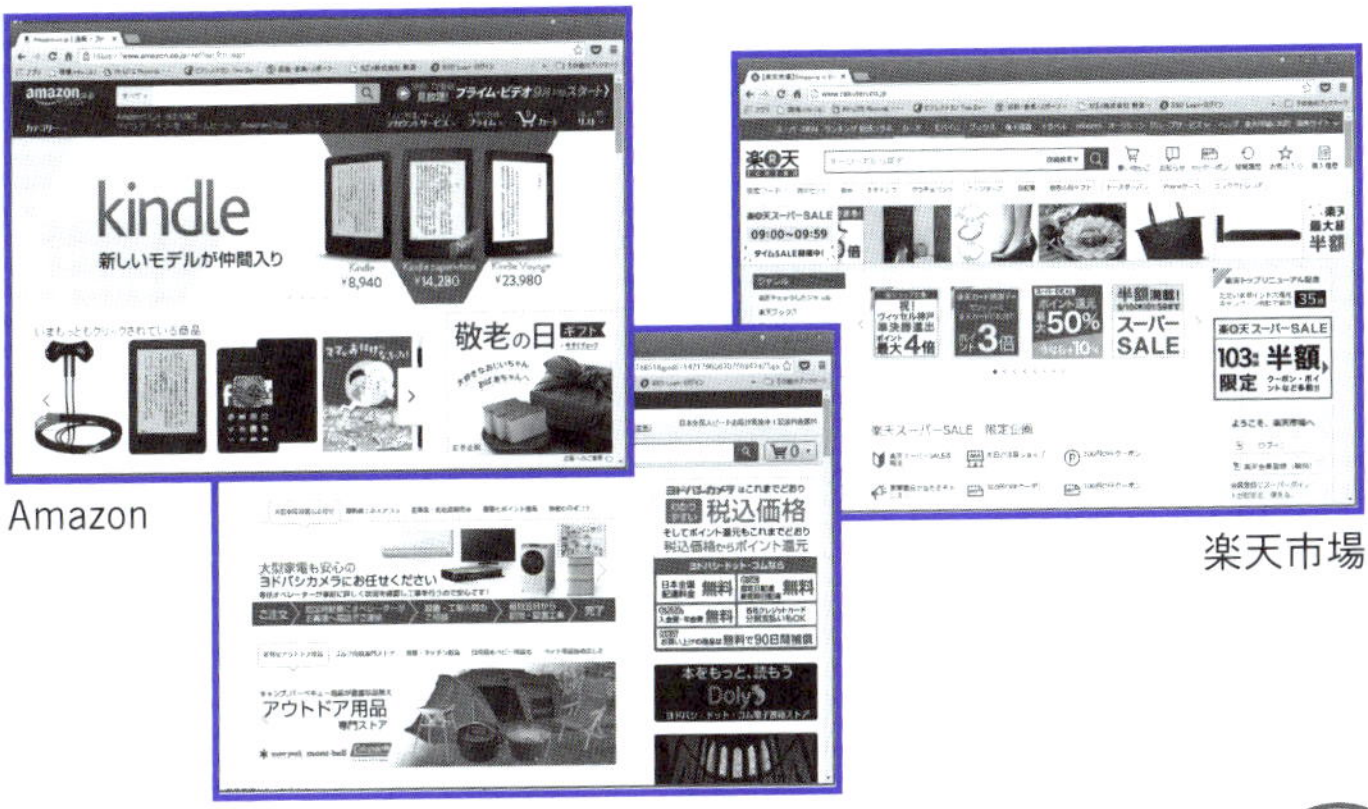

Amazon

楽天市場

ヨドバシカメラ

●ECサイトののフロー

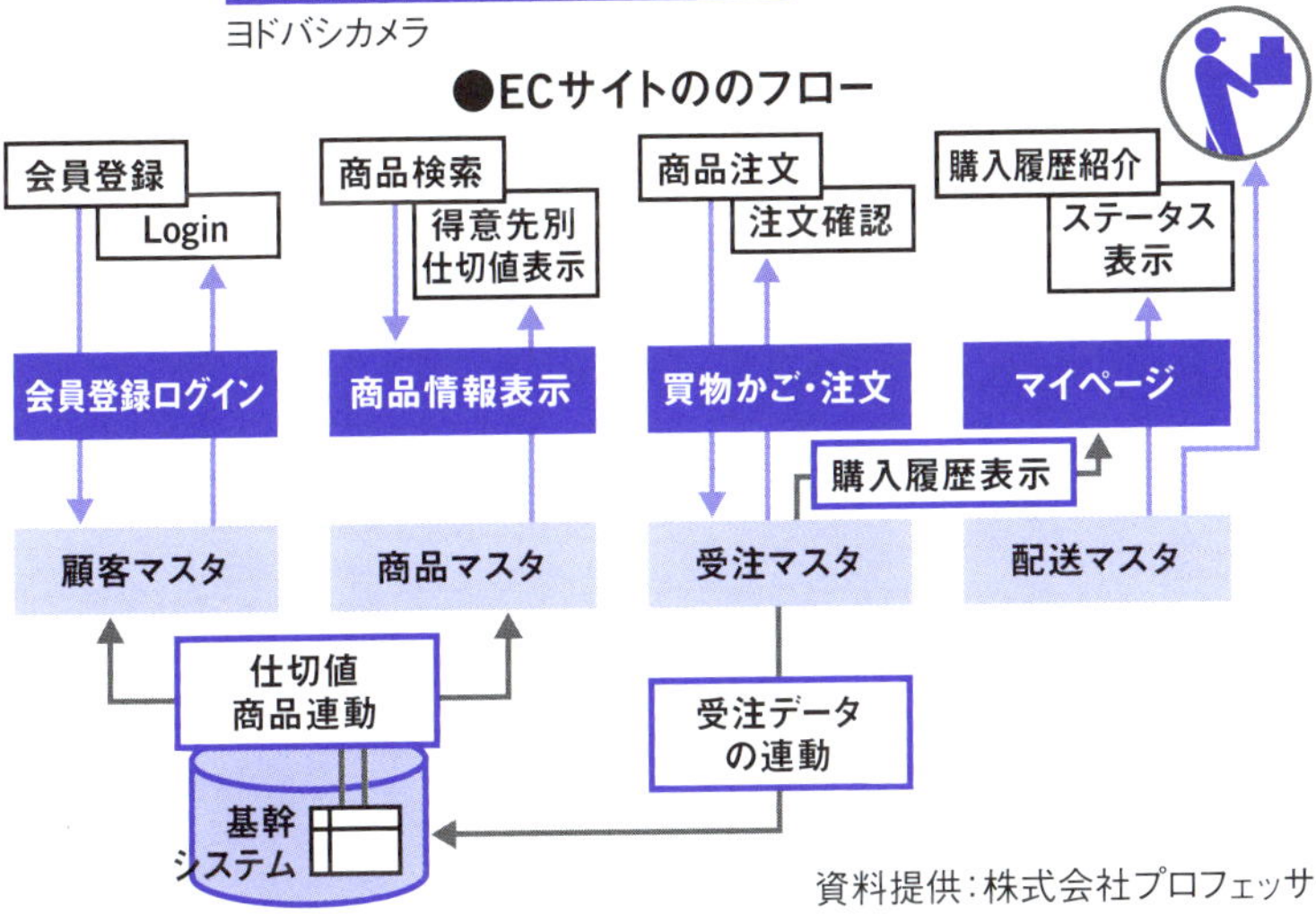

資料提供:株式会社プロフェッサ

▼ユーザの心に訴えかけるＷｅｂサイトをつくる

ブランディングは、企業自体や製品・サービスを世間に知らせ、イメージを良くするための施策です。良いブランドイメージが世間に広がれば、顧客の効果的なロイヤリティも生まれやすくなります。ブランディングはブランディングサイトで行います。ここで重要なのは、ブランディングは企業側がサイトでひたすらアピールするだけではダメだということ。なぜならブランドイメージは、ユーザの心の中に作られるものだからです。ですから、ユーザの心に訴えかける仕掛けが大切です。

では、Ｗｅｂサイトのブランディング施策はどのように行うのでしょうか。まず重要なのは、ブランドを認知させることです。**自分の会社、あるいは自社の商品やサービスが知られていなければ、誰の心の中にもブランドをつくることなどできません**。

次のフェーズは、自社の商品やサービスを使うことのメリットをブランディングサイトで訴えることです。その良さをうまく伝えることができるとユーザは商品やサービスを実際に利用し、満足すれば心の中にブランドイメージがつくり上げられていきます。

そしてその次のフェーズで、ブランドの信頼度を高めます。ユーザの心の中につくり上げられたブランドイメージが確固たるものになると、自分が使うだけでなく、ＳＮＳやブログなどを通じてクチコミを広げてくれます。そうした声が増えていけば、ブランドの信頼度が自然と上がっていきます。

ブランディングサイト

●役割1：ブランドの認知

ブランドを構築するうえで重要なのは「認知」。
商品やサービスを提供している企業が知られないと
ブランドを構築できない。
まずは多くの人に知ってもらうことが重要で、
そのツールとしてWebサイトは非常に役立つ

↓

●役割2：ユーザにメリットを訴える

商品やサービスを提供するとき、ユーザにメリットを訴える必要がある。
実際に購入して使ってもらい、商品やサービスの良さが伝わることで、
ブランドが構築されていく。
まずはWebサイトで、消費者に対してメリットを訴えかける

↓

●役割3：信頼度を上げる

ユーザにメリットを訴え、実際に商品やサービスを利用してもらうと、
ユーザ自身が商品やサービスを、SNSやブログで口コミしてくれる。
良い口コミが広まることで、ブランドの信頼度が上がる

↓

ブランディングサイトは企業と消費者をつなげる窓口

6-08

ＷｅｂのＰＤＣＡサイクルをまわそう

計画・実行・検証・改善を重ねる

▼何度も繰り返して業務を継続的に改善する

「ＰＤＣＡ」は、もはやビジネスで必須のワードとなっています。**もちろんＷｅｂマーケティングにおいても、ＰＤＣＡの考え方をきちんと取り入れ、ＰＤＣＡサイクルをまわしていくことで、「顧客を集める仕組み」や「売れる仕組み」を作り上げることにつながっていくのです。**

最初に復習しておきましょう。ＰＤＣＡの「Ｐ」はPlan（＝計画）、「Ｄ」はDo＝実行、「Ｃ」はCheck＝検証、「Ａ」はAction＝行動・改善、をそれぞれ意味しています。まず「Ｐ」で目標設定と計画策定を行い、続いて「Ｄ」で具体的な施策を実施します。その成果は「Ｃ」でチェックし、最後の「Ａ」でチェックの結果を反映した修正、改善を行っていきます。

ＰＤＣＡは通常、一度で終わる性質のものではありません。この４つの要素を１サイクルとして順番に実行し、繰り返していくことで、業務の継続的な改善につなげようというのがＰＤＣＡなのです。

PDCAサイクルとは

PDCAサイクルとは

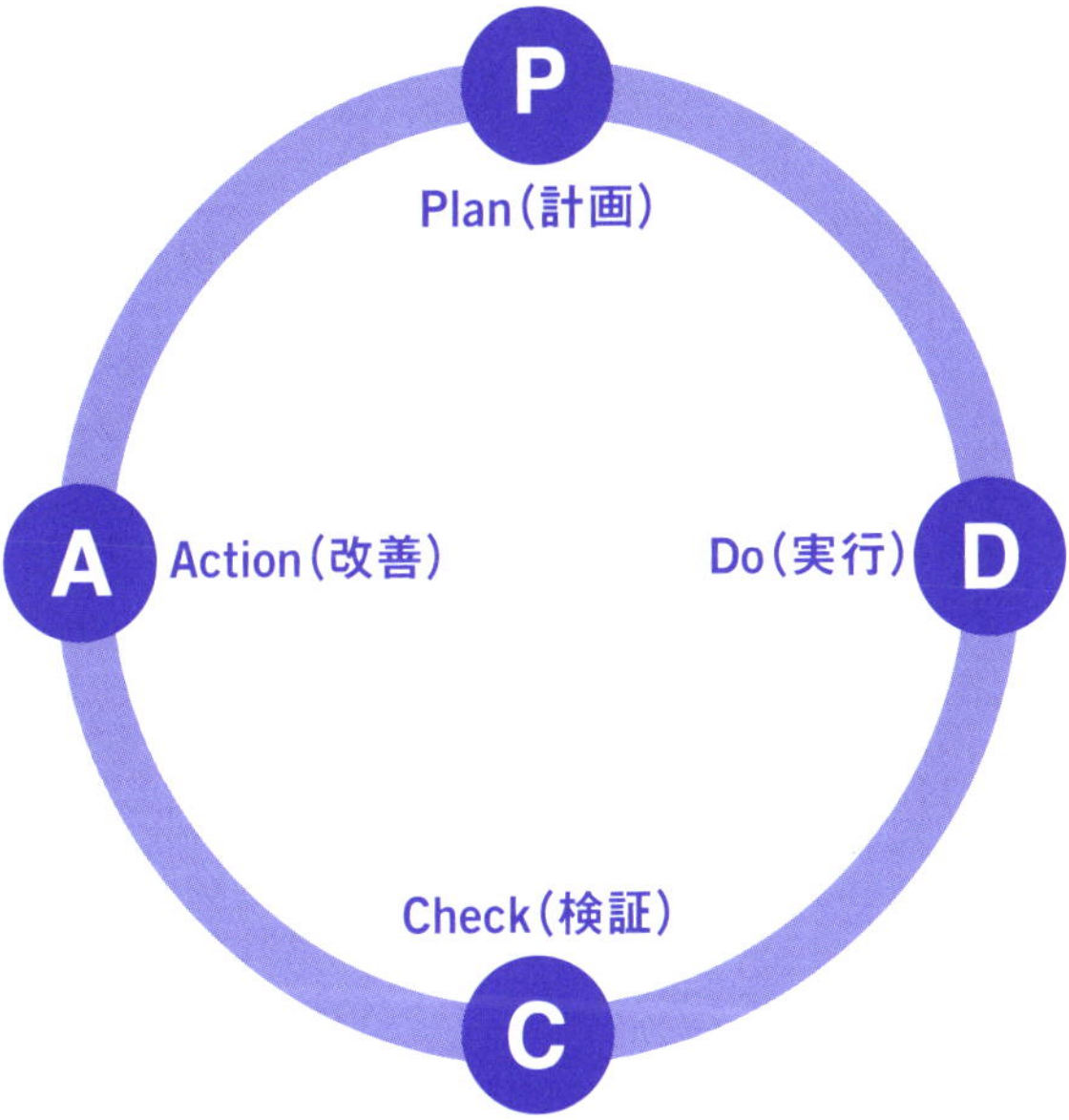

Plan（計画）→ Do（実行）→ Check（検証）→ Action（改善）の4段階を繰り返すことによって、業務を継続的に改善する

Plan：目標を設定し、具体的な行動計画に落とし込む
Do：具体的な施策を実行する
Check：成果を測定し検証する
Action：チェックの結果を反映した修正、改善を行う

▼A／BテストでPDCAをまわす

LPO（ランディングページ最適化）を行うケースから、PDCAサイクルをまわす一例を見てみましょう。

ビジネス統計の手法のひとつに「A／Bテスト」があります。これは2種類のパターンを同数の人にランダムに提示し、どちらのほうがより効果が高いかを調べられる方法です。

このA／Bテストを使って、新しい自社サイトについての反応を見てみましょう。

まず、目的を明確にします。めざすのは、ランディングページから商品説明ページへのアクセス誘導の改善です（P）。

続いてA、B2つのパターンのランディングページと、アクセスしてほしい商品説明ページを作成したら、それぞれのパターンに対し同数の人にアクセスしてもらいます（D）。

このA／Bテストを実施した結果、より多くの人が商品説明ページにアクセスしたほうのパターンが、ここではより効果が高いランディングページであると判断できます（C）。

ただし、もちろん一度のテストだけで最終的なコンテンツを決められるとはかぎりません。テストでAに比べBのほうが多いアクセスを稼いでいたとしても、離脱率はまだまだ高く、改善の余地があるかもしれません。修正ポイントを洗い出し、改善案を作成したら（A）、同様にPDCAを何度もまわして、これが最適なランディングページであると判断できるまでブラッシュアップを重ねていきます。

A/Bテストは、不必要な要因を排除できる評価法

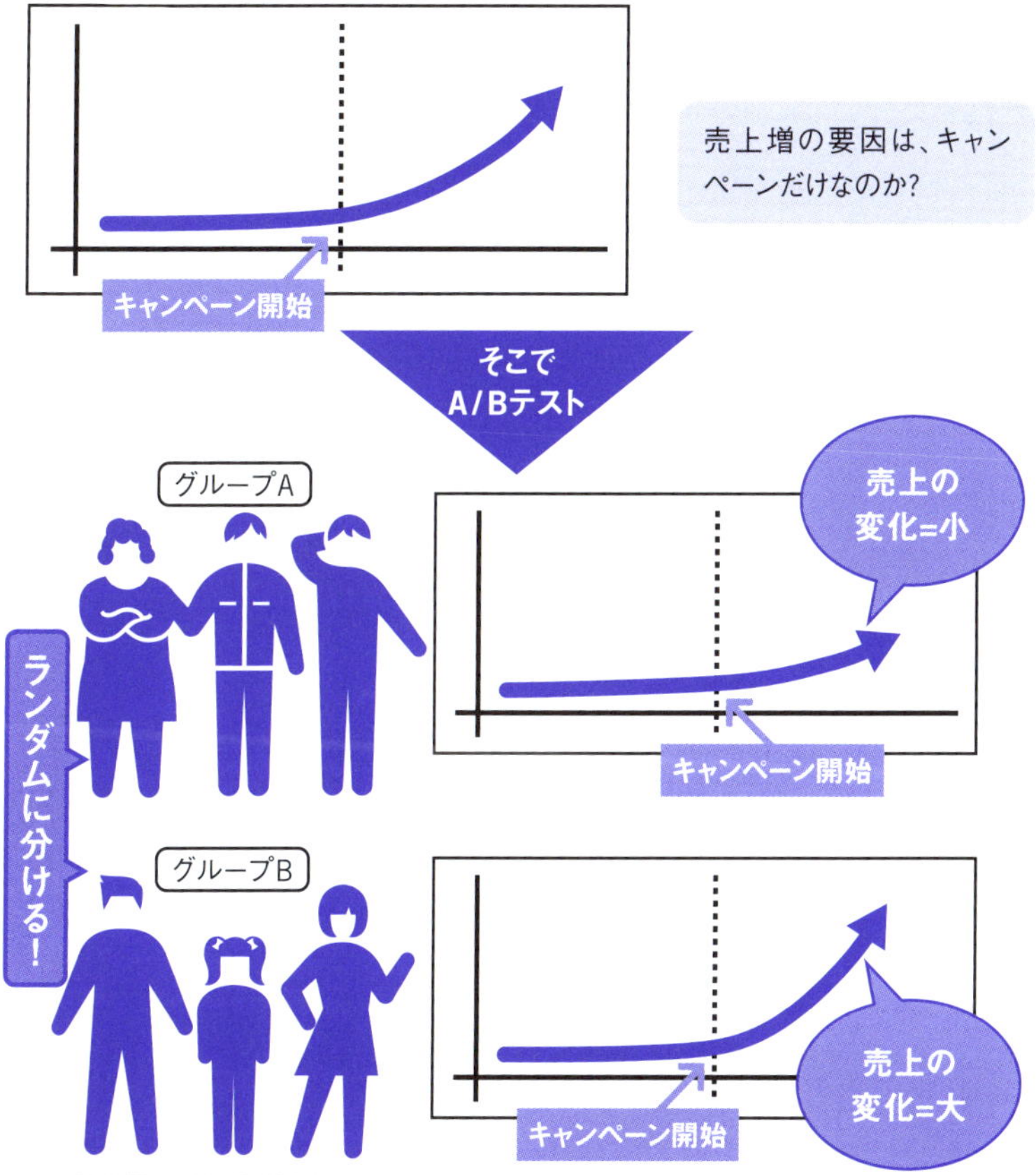

ランダムに分けたAとB2つのグループに、異なるキャンペーンを行う。その反応を見ることでキャンペーン以外の影響を排除した評価が可能。

事例⑥

クロックス　ブランドＥＣサイトの売上最大化

問題点を解決してコンバージョン率大幅アップ

▼コンバージョンに結びつかない理由を洗い出す

アクセスしてきたユーザをなるべく逃さず、コンバージョンに結びつけるための取り組みを積極的に展開しているブランドＥＣサイトとして、前章でも登場したクロックスの事例を紹介します。

カラフルでおしゃれなイメージのあるクロックスのＷｅｂサイトですが、２０１１年以前はＥＣサイトの売上が芳しくありませんでした。商品にブランド力があるため、サイトへの訪問者数は年間約５００万と悪くはない数字でしたが、それに対してコンバージョン率が１・３％程度ときわめて低いことが、売上が伸びない原因であると考えられました。

そこで当時のＷｅｂ担当者は、「サイトには来てくれるのに、購入行動に結びつかない」理由を探っていきます。アクセス解析によるユーザの動きから、Ｗｅｂサイトのユーザビリティ（使いやすさ）などを徹底的に検証し、数値化していくことで、「水漏れポイント」を見つけていきました。

エントリーフォームの最適化で離脱率を激減

PCのエントリーフォーム

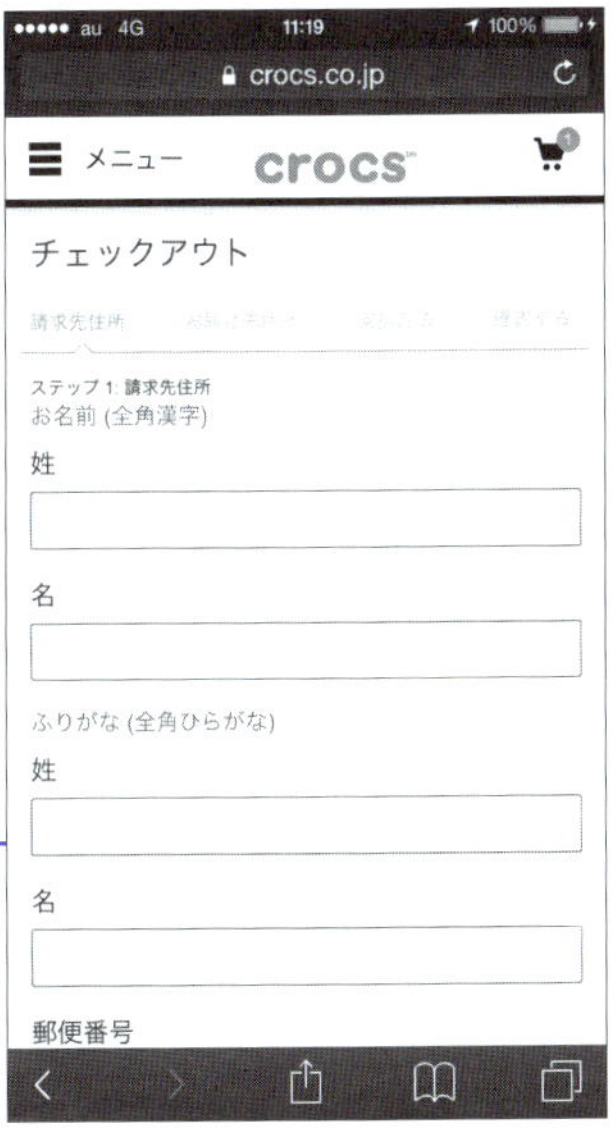

モバイルの
エントリーフォーム

エントリーフォームの改善効果

CVR 1.5% → 5%

3.3倍UP!

▼売上を最大化するために打ったさまざまな施策

その結果、いくつかの問題点が判明します。ひとつは、ユーザのサイト内回遊が少ない、つまりサイト滞在時間が短いことでした。滞在時間が短ければ、商品をたくさん見てもらうことができず、コンバージョンに結びつく確率も必然的に減ってしまいます。そしてもうひとつは、購入の意思まではつなげているものの、いざ購入しようと決めたあとにエントリーフォームの段階で離脱するユーザが目立ったことです。

そこで、まずはサイト滞在時間を増やすためにモバイル最適化を含め訪問者数とページビューを上げる施策をとり、一方で、安心して買い物ができるようにエントリーフォームの改善を実施しました。その成果が出て現在は訪問者数が８００万近くに達し、コンバージョン率も元の１・３％の３倍を超える５％以上にまで成長したのです。

また、ＥＣサイトでの購入に際し、送料無料にする購入金額はいくらが適当かを探るために、４パターンの設定を用意したＡ／Ｂテスト（１７４ページ参照）を実施。得られた知見をサイトの売上最大化に役立てています。クロックスではスマートフォン・タブレットなどのモバイル対応を進めています。現在、Ｗｅｂサイト訪問の６割はモバイルであるにもかかわらず、モバイルからの売上は４割程度にとどまっていたため、購入転換率を上げることで売上最大化につなげようという考えです。日本は欧米に比べてモバイルでの買い物が多い国であり、その日本の特殊性を反映して、今後もモバイルへの注力を進める考えです。

第7章

これから注目のWebマーケティング対策

7-01

モバイルフレンドリー対策

検索結果にも影響するスマートデバイスへの最適化

▼ＨＴＭＬは１つのみで他の技術を有効活用

誰もがスマートフォンを持つようになったこの時代、スマートフォンからＷｅｂサイトにアクセスするスタイルも一般的になりました。**Ｗｅｂサイトを作成する側としても、デバイス別に最適化を図ったページを用意しておかなければ、ユーザのアクセスの機会を逸してしまうかもしれません。**

スマートフォン／タブレット向けページとパソコン用ページのＨＴＭＬをそれぞれ作るのではあまりに非効率。そこで活用されるのが「レスポンシブデザイン」と「スマートフォン変換」です。「レスポンシブデザイン」は、個別の画面表示をＣＳＳに任せる方法です。「スマートフォン変換」はＰＣサイトをスマートフォンやタブレットに自動的に変換する技術です。いずれの方法でもおおもとのＨＴＭＬファイルだけを更新すればいいので効率的です。

Googleでは検索結果の順位にもスマートフォンへ最適化されているかを反映するようになり、デバイスレイアウトはますます必須となっています。

PC向けかモバイル向けか

モバイルフレンドリー

Googleが検索結果に用いている評価基準（2015年4月21日導入）で、Webサイトがスマートフォンなどのモバイル端末での表示に最適化されていることを意味する

Googleはモバイルフレンドリーな Webサイトとして以下のような点を挙げ、これらの条件を満たしたページには「スマホ対応」のラベルが適用される

・携帯端末では一般的でないソフトウェア（Flash など）を使用していないこと
・ズームしなくても判読できるテキストを使用していること
・ユーザーが横にスクロールしたりズームしたりする必要がないよう、コンテンツのサイズが画面のサイズと一致していること
・目的のリンクを簡単にタップできるよう、それぞれのリンクが十分に離れた状態で配置されていること

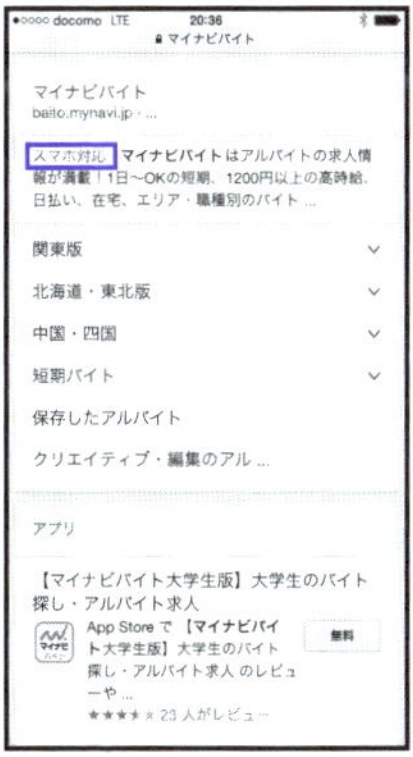

例）マイナビバイト
スマートフォンでみたGoogleの検索結果に「スマホ対応」が表示される

7-02

ユーザニーズの集め方

アンケートとWeb検索という2種類の方法

▼アンケートの回答には対価を用意する

〝売れる〟商品・サービスを開発するには、ユーザのニーズを的確につかむことが何より大切です。

ユーザニーズを集める際にもっとも有効な手段はアンケートでしょう。自社サイトにアンケートページを作成し、どんな商品・サービスが欲しいか、価格は適切か、満足度はどうかなどを、アクセスしたユーザに回答してもらいます。そうして得られたユーザニーズを蓄積して、ニーズに応える商品・サービスの企画開発に役立てます。

とはいえ、ただアンケートに答えてくださいとお願いしてもなかなか数は集まりません。**アンケートに答えて得られる「対価」を提示することで、さらに多くのユーザの声を集めることができるでしょう**。記念のグッズをプレゼントしたり、商品購入時に利用できる割引クーポン、会員登録すると有意義に使えるポイントなどを提供する方法が考えられます。コストとのバランスを考えながら、適切なアイデアを導き出しましょう。

ユーザニーズの集め方①

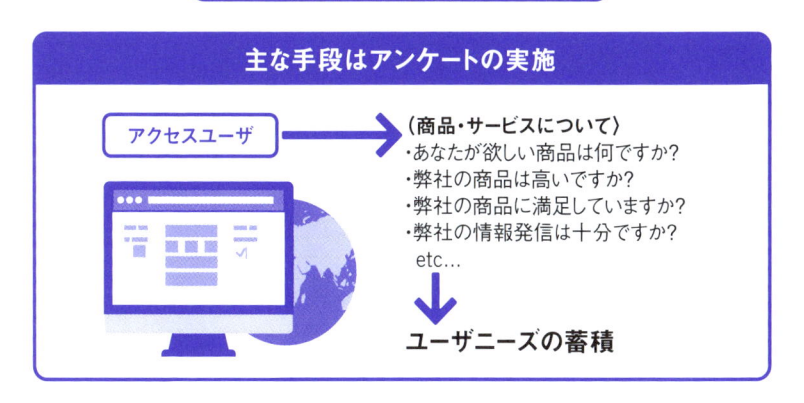

主な手段はアンケートの実施

アクセスユーザ → 〈商品・サービスについて〉

・あなたが欲しい商品は何ですか?
・弊社の商品は高いですか?
・弊社の商品に満足していますか?
・弊社の情報発信は十分ですか?
etc…

↓

ユーザニーズの蓄積

アンケートに回答してもらうために

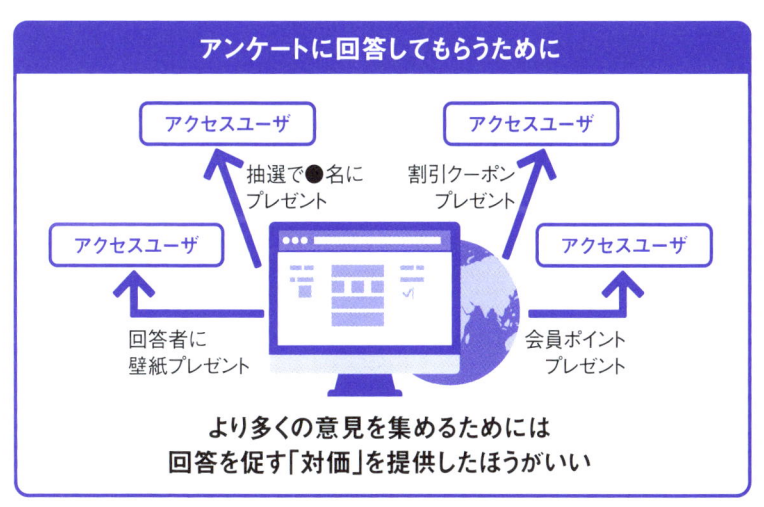

- アクセスユーザ ← 抽選で●名にプレゼント
- アクセスユーザ ← 割引クーポンプレゼント
- アクセスユーザ ← 回答者に壁紙プレゼント
- アクセスユーザ ← 会員ポイントプレゼント

より多くの意見を集めるためには回答を促す「対価」を提供したほうがいい

顧客がアンケートに回答したくなるモチベーションと支払うコストとのバランスを考慮する

▼SNSや検索エンジンから生の声を拾う

アンケートはユーザの声を集める常套手段ですから積極的に活用したいところですが、そのために自社サイトにアンケートページを用意する手間がかかりますし、回答の対価として提供するプレゼントなどのコストも無視できません。

そこで、アンケートをわざわざ実施しなくてもユーザニーズを収集できる別の方法も試してみることをおすすめします。

まず考えられるのは、ＳＮＳを活用する方法です。Facebook や Twitter の検索機能を使って、ユーザニーズを探るのに参考となるようなキーワードを調べてみます。

いま注目されている他社の商品名や人気のサービス名、その他気になるキーワードを考え、そこに「欲しい」「便利」「買いたい」「満足」などの言葉をプラスして検索すれば、ユーザニーズ調査の参考になる生の声を得ることができます。

もちろん、検索エンジンを使ってもいいでしょう。ＳＮＳのときと同様に、気になる商品名・サービス名と適宜キーワードを付け加えて検索します。

注目製品の使用感や問題点、改善に向けた意見などを詳細にレポートしている個人ブログは数多くありますので、貴重なユーザニーズを読み取ることができるでしょう。Amazon などのＥＣサイトに書き込まれている、商品を購入したユーザのコメントなども参考になると思います。

ユーザニーズの集め方②

SNSからユーザニーズを集める

TwitterやFacebookの検索機能を使い、気になる商品やサービス名などを検索。

キーワード+「欲しい」
キーワード+「高い」
キーワード+「うらやましい」
etc...

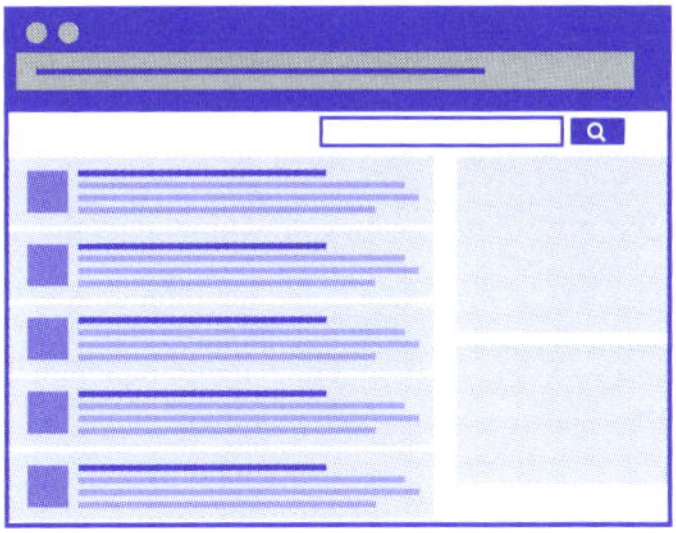

検索エンジンからユーザニーズを集める

Web検索を使っても、個人ブログやWebサイト上の記事などに記されたキーワード+アルファのキーワードを探せる。

コストをかけずにユーザのニーズを幅広く集めることができる

7-03 データベースマーケティング（Webで得たデータ）を活用しよう

One-to-Oneマーケティングにつながる手法

▼蓄積した情報からユーザの傾向を読み取る

データベースは重要な情報が蓄積されたシステムです。顧客の年齢・性別・居住地域・家族構成をはじめとする属性や、これまでのサイトの閲覧履歴・商品購入履歴、趣味嗜好といった情報を記録。そこから好みや傾向を読み取って、それぞれの顧客にフィットするサービスを提供しようというマーケティング手法が「データベースマーケティング」です。

マーケティングには新規顧客を獲得しようという側面もありますが、顧客となった人物をリピーター、つまり〝なじみの客〟として定着させようという側面もあります。データベースマーケティングはまさに後者の側面、継続的な顧客を生み出すというところにより力点が置かれています。

蓄積された顧客情報を活用し、顧客のタイプに応じて最適と思われる商品をおすすめとして表示。パーソナライズされた対応を行うという点で、One-to-Oneにつながるマーケティング手法だということもできます。

データベースマーケティング①

顧客データをマーケティングに活かす

〈ユーザタイプA〉
購入商品:本
↓
本の新刊をおすすめ

〈ユーザタイプB〉
購入商品:ソフト
↓
新作ソフトをおすすめ

〈ユーザタイプC〉
購入商品:いろいろ
↓
いろいろな新商品をおすすめ

〈ユーザタイプその他〉
購入商品:実績なし
↓
売れ筋商品をおすすめ

サイトに蓄積された顧客データを使い、
顧客タイプ別に最適なおすすめ商品を表示

▼ネット上の天然データベース「ビッグデータ」

自社のデータベースを超えて、最近注目の「ビッグデータ」からインターネット全体の動きやトレンドなどを読み取り、マーケティングに活用する方法もあります。

ビッグデータはその名の通りとてつもなく膨大な量のデータの集合体です。まだ明確な定義は決められていませんが、単に量が大きいだけでなくデータの種類も多様で、集合体ではあるものの集団ではなく、個人を識別できる概念であるとされています。

説明が難しい概念ですが、インターネット上のマルチメディアデータからＳＮＳ、「Twitter」、メール、さらには社内サイトの顧客情報まで、ネット上のあらゆるデータが集まった〝天然のデータベース〟的な存在がビッグデータだという見方もできます。**ともあれ多様な要素を含んだこのビッグデータを活用すれば、いま世界で動いている現象の傾向や瞬間的な断面をとらえられるとされています**。

ビッグデータをＷｅｂマーケティングで活かし、潜在的なユーザニーズを見つけ出すことも可能です。たとえば自社で扱う商品ジャンルのキーワードと一緒にどんな言葉が検索されているか、いま一番検索されているキーワードと共に自社の製品が検索されることはあるか、サイト内で検索されているキーワードの傾向が実際の売上とマッチしているか、ユーザに間違えて入力されることの多い商品名は何か……などなど、ユーザのニーズや動きの傾向をビッグデータから推測し、マーケティングに役立てるのです。

データベースマーケティング②

ビッグデータをマーケティングに活かす

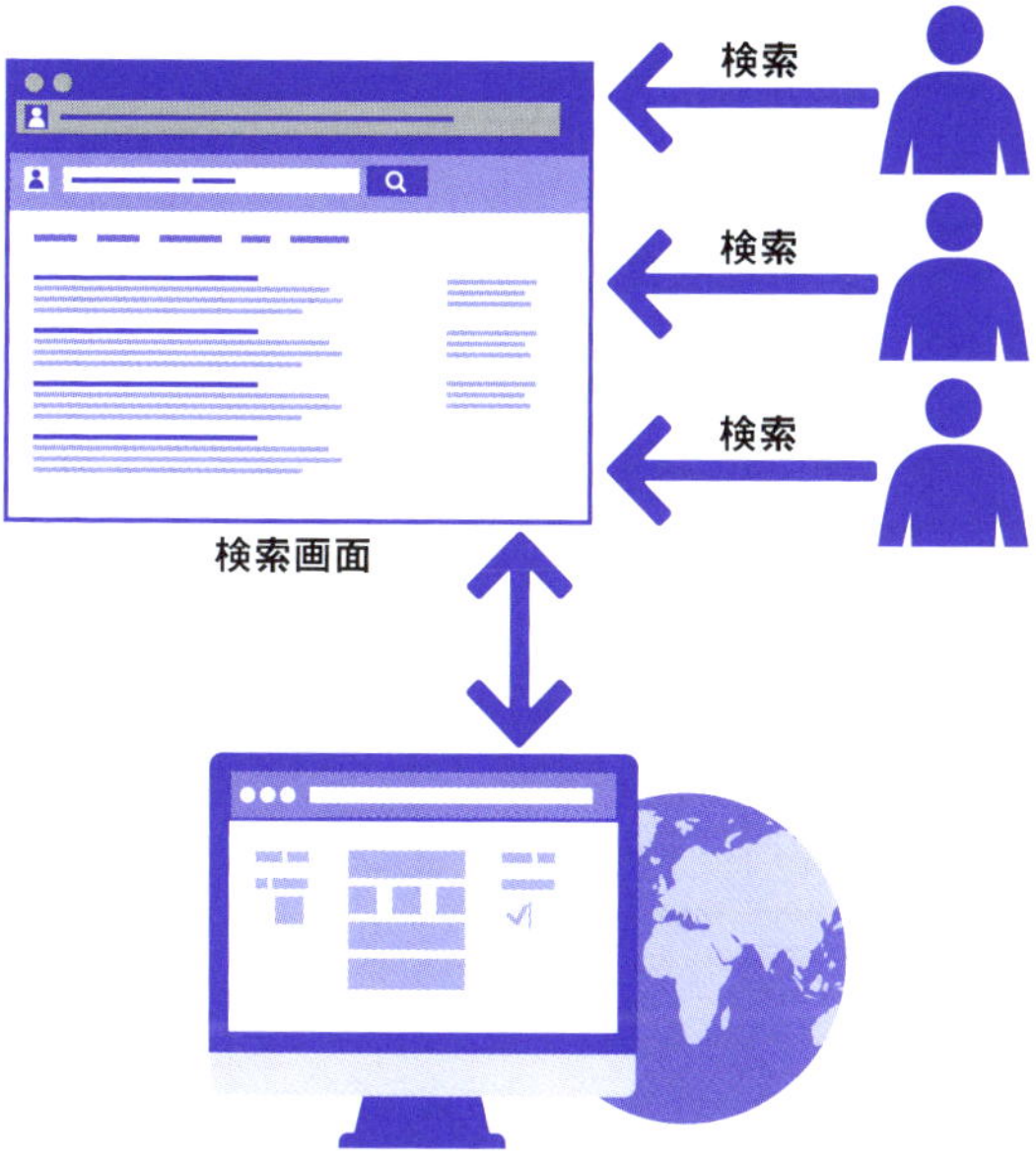

例）検索エンジンの検索キーワードからユーザニーズを探る

化粧品メーカーであれば「乳液」「ファンデーション」などのキーワードと一緒に、どんなキーワードが検索されているかを調べると、ユーザニーズが見えてくる

例）サイト内検索キーワードからユーザニーズを探る

多く検索されている商品は、売上と比例しているか？ 表記ゆらぎで検索を失敗している例はないか？ 存在しない商品名を検索されていないか？ などを調べる

7-04

O2Oとは

ネットと実店舗の連動をめざすビジネスモデル

▼「オンライン」から「オフライン」へ

現在ではオンラインとオフラインを上手に結びつけることが大きなテーマになっています。**そこで出てきた考え方が「O2O（Online to Offline）」。インターネット上の情報が実店舗での消費行動にも影響を与えるという意味合いの概念です。**

Ｏ２Ｏというマーケティング手法は、スマートフォンとＳＮＳの普及を背景として注目され、すでに多くの飲食店などで実施されています。レストランがＷｅｂサイトでオンラインクーポンを発行し、それを実店舗で提示すれば割引サービスを受けられる、といった例はなじみが深いでしょう。これは単に実店舗へ客を誘導できるだけでなく、どのＷｅｂサイトでどのようなクーポンを配布すればもっとも効果的かという面からマーケティング活動の効果測定を行うこともできます。FacebookなどＳＮＳのチェックイン機能を活用し、店舗にチェックインした利用者に特別のサービスを提供することで、実店舗への来店を促す施策に取り組んでいるところもあります。

O2O（オンラインtoオフライン）

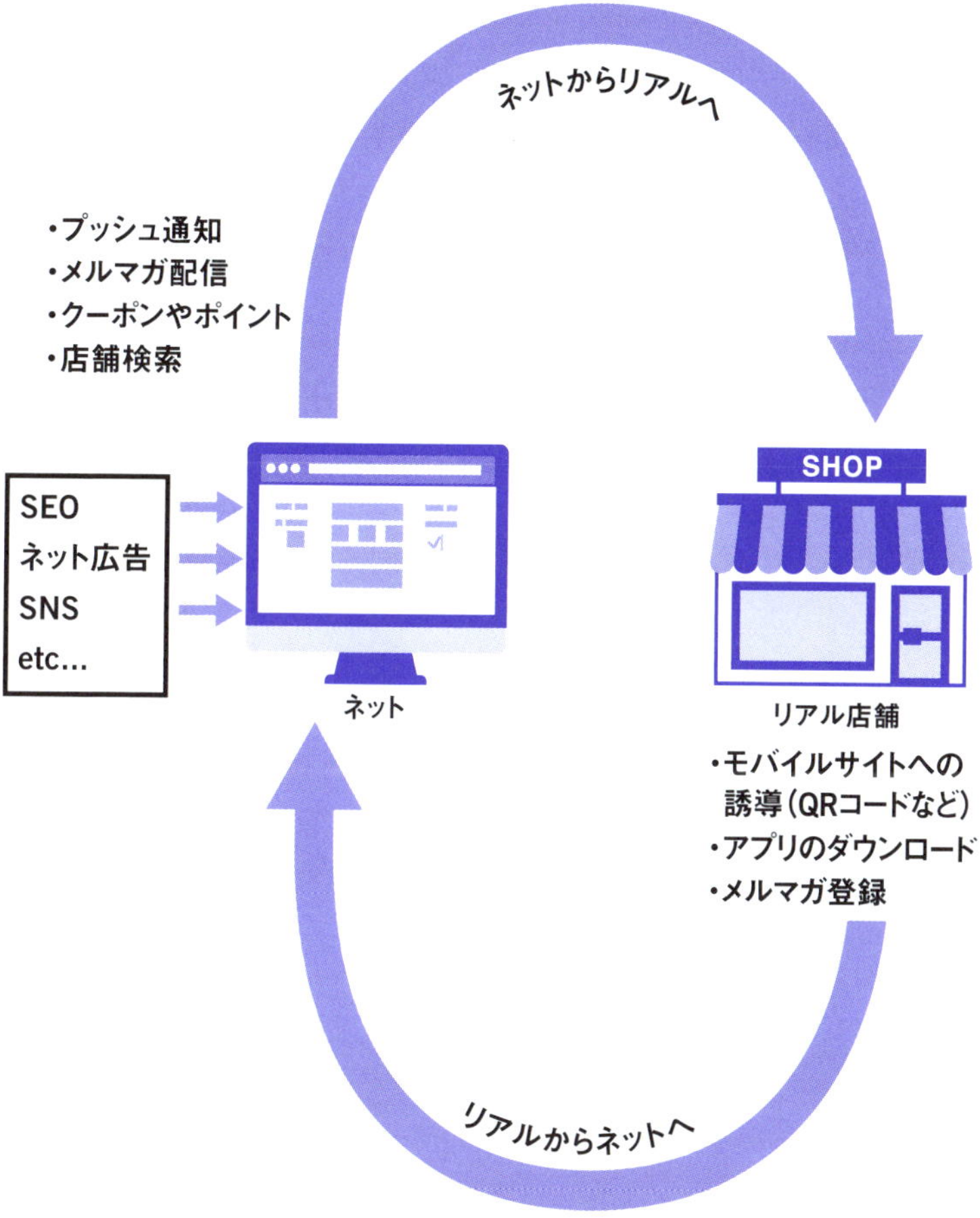

小売業や飲食業で注目されるビジネスモデル

7-05 オムニチャネルとは

ありとあらゆるルートを組み合わせる戦略

▼マルチチャネルからオムニチャネルへ

かつて、モノを買うルート（チャネル）は限定されていました。実店舗で見かけて興味を持った商品について実店舗で比較検討し、実店舗で購入するのが当たり前だったのです。テレビや雑誌で知った商品も、購入のチャネルは基本的に実店舗に限られていました。

そこにパソコンとインターネットが普及しました。消費者にとっては、パソコン（インターネット）で認知した商品をパソコンで比較検討し、パソコン（ECサイト）で購入して宅配便で受け取るという新たなチャネルが生まれたわけです。さらにスマートフォンが登場し、スマートフォン1台で購入・受け取りまで行えるチャネルも出来上がりました。消費行動のチャネルが複数に増えたという意味で、これを「マルチチャネル」と呼びます。

そして、さらに新たな概念として「オムニチャネル」が誕生しました。オムニは「あらゆる」といった意味ですから、オムニチャネルはあらゆるチャネルを組み合わせるケースを想定したマーケティングを表しています。

オムニチャネル①

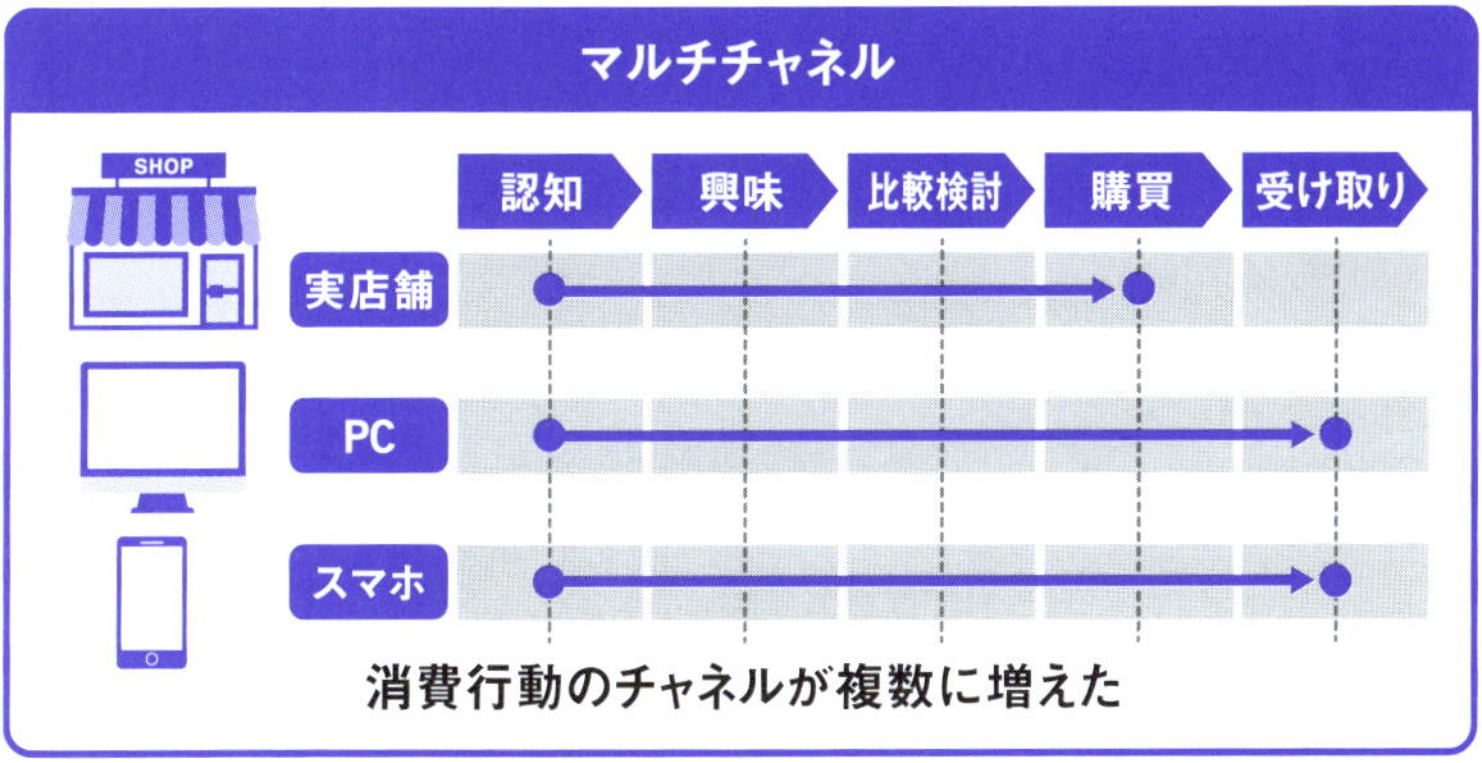

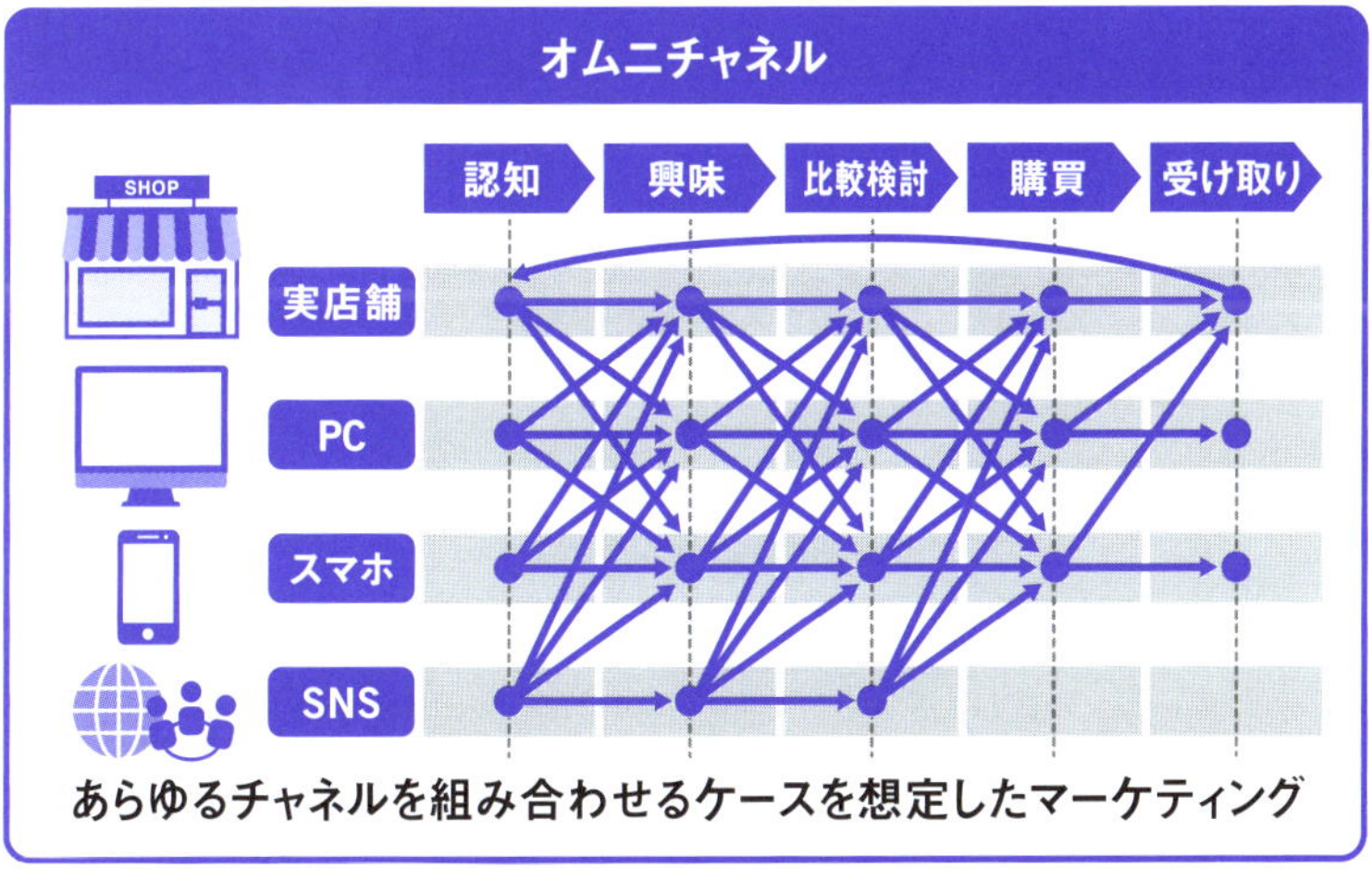

セールスフォース・ドットコムWebにおける石黒不二代氏「業務改革のススメ」連載より
https://www.salesforce.com/jp/socialenterprise/innovation/vol2-omni-channel.jsp

▼PC、スマホ、SNS、実店舗を柔軟につなげる

O2Oはオンラインからオフライン（実店舗）への誘導という部分に力点が置かれていますが、オムニチャネルは実店舗、パソコン、スマートフォン、ECサイト、SNSといったあらゆるチャネルを柔軟に組み合わせます。たとえば認知はＳＮＳで、興味を高めるのはスマホで、比較検討と購入はパソコンでＥＣサイトを通じて行う、といったパターンです。

オムニチャネルの要素を持つ事例として、ヨドバシカメラが挙げられます。

商品は実店舗でチェックするものの、購入自体はネットでより安く販売しているＥＣサイトを検索して買うという行動パターンが増えました。実店舗は単なるショールームと化し、自社のＥＣサイトにもお金が落ちてきません。

そこでヨドバシカメラは、自社のＥＣサイトで商品を注文してもらい、受け取りは実店舗でというサービスをスタートさせたのです。ＥＣサイトが普及したいま、実店舗のあり方を考えるうえでも興味深い事例です。

オムニチャネルで描かれるルートはユーザによってさまざまです。左ページの図は、紙のカタログで見つけた商品をスマホ、パソコン、ＳＮＳ、実店舗でそれぞれチェックし、コンタクトセンターやＳＮＳで疑問点を解消しつつ、スマホで購入、実店舗で受け取るという例を表したものです。店舗にチェックインすることで得たポイントを支払いに使うなど、まさにさまざまなチャネルを有効に活用しています。

オムニチャネル②

オムニチャネルの多様性

カタログ（雑誌等）で気になる商品を見つけた場合の、
オムニチャネル行動ステージ例

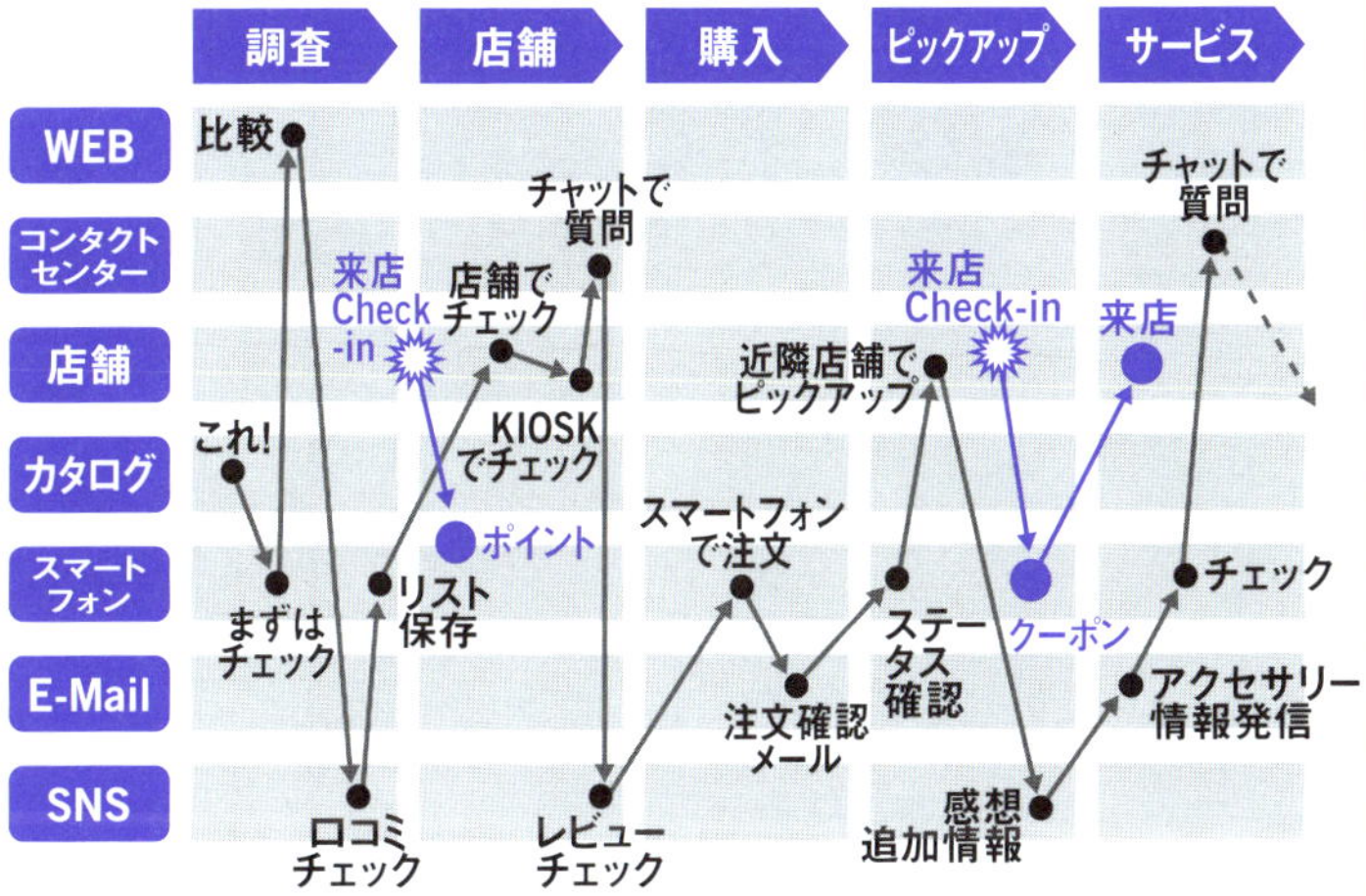

ルートは一つとは限らない

日本オラクル提供
オムニチャネル・スペシャリスト　大島誠作

ECサイトが普及した結果、実店舗のあり方が変わる

例）商品購入の活用ケース

・ECサイトで購入――→店で受け取り
・店にない商品をECサイトで購入→自宅で受け取り
・店で実物を確認――→ECサイトで注文

7-06

ネイティブアドとは

一般記事に自然と溶け込んだ広告記事

▼否定的感情を起こさないように配慮する

「ネイティブアド」（ネイティブ広告）は、ニュースサイトやSNS、スマートフォンのニュースアプリなどで、他の記事に溶け込むように表示される広告記事のことです。

ネット広告は、バナー広告のようにひと目で広告とわかるものや、専用の広告枠内に表示されるものが一般的でした。しかしネイティブアドの場合は見た目が通常の記事と変わらないため、ユーザの心を惹きつけやすいという特徴があります。SNSの記事間に挿入される「インフィード型」、検索結果と同様の体裁で表示される「検索連動型」、おすすめ記事という形で表示される「レコメンドウィジェット型」などがあります。

ひと目では広告と判断できない体裁をしているので、ユーザを迷わせる可能性がありま す。リンク先の広告を見たとき「なーんだ」と不快に感じさせてしまう場合もあるでしょう。

Webマーケティングでネイティブアドを利用する際は、ルールに基づき、否定的感情を呼び起こさないように注意する必要があります。

ネイティブアド

インフィード型

SNSの投稿と投稿の間に挟まれるように投稿と似た体裁で表示される広告

検索連動型

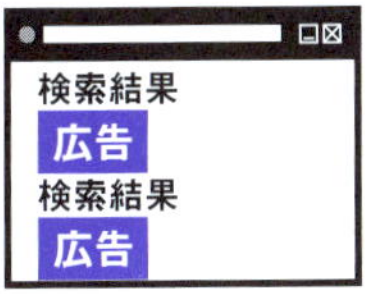

検索結果の一つのような体裁で表示されるテキスト広告

レコメンドウィジェット型

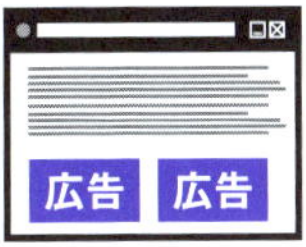

ニュースサイトやECサイトなどで記事の下側に「おすすめ」記事の一つとして表示される広告

プロモートリスティング型

ECサイト内のキーワード検索で表示された検索結果の上部に表示される広告

インアド型

表示するバナー広告の内容はWebページのキーワードに連動したもの

カスタム型

上記以外で、メディアもしくはプラットフォームへの依存度が高い、グループ分けが困難な広告

7-07

デザイントレンドを知り、取り込む

Ｗｅｂページのデザインの歴史を概観

▼ＨＴＭＬ５の登場でＷｅｂデザインが大きく進化

Ｗｅｂマーケティングでは、やはりユーザの興味を惹くページ作りが必須です。**Ｗｅｂデザインの歴史を振り返ることで、トレンドに即したページ作りを実現してください**。

Ｗｅｂページの黎明期は、単純にＨＴＭＬを手打ちで書いただけのシンプルなページが主流でした。１９９０年代半ばにパソコン用Ｗｅｂ制作ツールが登場すると、ＨＴＭＬの知識がなくても複雑なデザインが簡単にできるようになり、Ｗｅｂページは一気に華やかになります。２０００年前後からインターネット回線の高速化と常時接続が進展。Ｆｌａｓｈの普及で動く要素をＷｅｂページに簡単に盛り込めるようになり、さらにはＣＳＳによって従来のＨＴＭＬだけでは難しかった緻密なページレイアウトが容易になりました。

そして２００７年、初代iPhoneが発売され、スマートフォン時代が始まります。その翌年にドラフト（草案）が発表されたＨＴＭＬ５が２０１０年以降普及し、現在は動的コンテンツをＨＴＭＬだけで実現できるようになっています。

Webデザインの流れ

①HTML で簡単なページ作成

1990年代前半のWebサイトの黎明期は、HTMLを手書きで記述し、画像を並べただけなシンプルなものが主流。GIFアニメで装飾したサイトが喜ばれた。

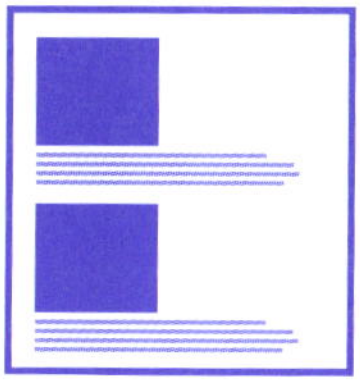

②制作ツールでレイアウト

1990年代中盤からレイアウトツールが登場し、テーブルタグなどを使って複雑なレイアウトが簡単に出来るようになった。

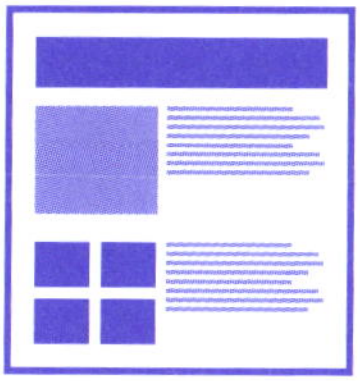

③Flash ／ CSS の普及

1990年代後半からFlashを使って動的コンテンツを簡単に実装できるようになり、2000年代になってWebのレイアウトを向上させるCSSが本格普及する。

④HTML5 ／ CSS3 の普及

2010年以降、HTMLだけで動的コンテンツを実装できるHTML5が普及し、同時にCSS3によって日本語の縦書きも実現する。

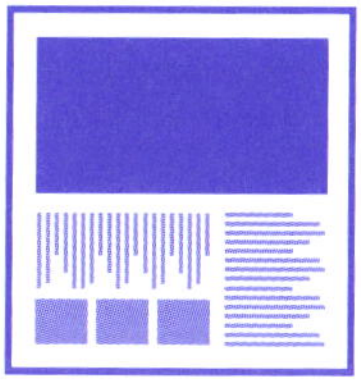

7-08

違法なマーケティングに注意しよう

消費者を欺くタチの悪い宣伝手法

▼違法マーケティングの代表格「ステマ」

第３章でＳＥＯにおけるペナルティについて説明しました。やりすぎのＳＥＯは検索エンジンによって排除されたり、掲載順位を下げられたりします。Ｗｅｂマーケティングの世界には、こうした例以外にも、一歩間違えると法律に触れてしまう、あるいはまさに違法そのものの施策もたしかにあります。

違法マーケティングの代表格ともいえるのが「ステルスマーケティング」です。俗に「ステマ」と略されます。「ステルス」とは「こっそりとやること」といった意味の英語です。

ステマは、宣伝だと気づかれないように宣伝することです。たとえば一消費者になりすまし、あくまで個人のブログと見せかけて商品を褒めたり、「いま人気！」などと煽る記事を投稿するのはステマです。ネイティブアドとステマは異なりますが、もしそこに「宣伝だと気づかれないように」、つまり見ている人を欺こうという故意があるのだとしたら、ステマだといわれても仕方ありません。

違法なマーケティングに注意しよう

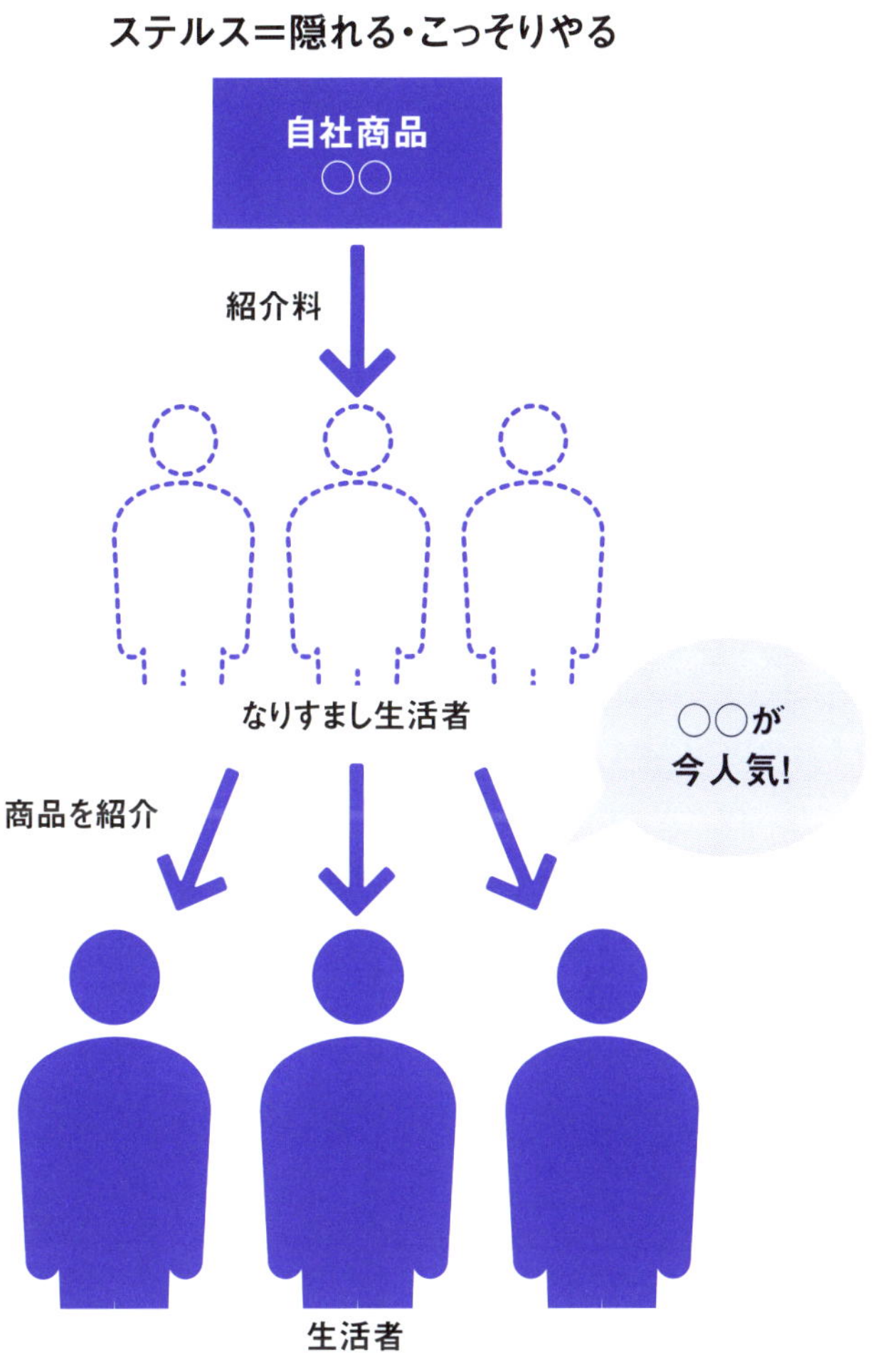

▼ステマのベースは〝なりすまし〟

ステルスマーケティングの多くは〝なりすまし〟の手法を用います。

グルメサイトのクチコミは、多くの人がレストラン選びの参考にしていると思います。もしもこのクチコミが、代行業者がお金をもらって書き込んだものだったとしたらどうでしょう。いわゆる「ヤラセ」です。その事実がわかって以降は、他のクチコミも「これもウソ？」と信じられなくなるのではないでしょうか。この事例が起こったグルメサイトだけでなく、他のグルメサイトのクチコミにも影響を与えずにはおかない深刻な事件でした。同様のことはショッピングサイトでユーザが書き込む商品レビューでも発生しています。

また、あるタレントが自分のブログに某ブランドのファンだと書き込みました。実際にそのブランドのバッグと一緒に撮影した自分自身の写真も掲載しています。ところが真実は、そのタレントはブランドのファンではなく、事務所を通じて業者から依頼されて書いたものだと判明しました。タレントに絡む同様の事件もたびたび発生しています。

褒めるだけではありません。こんなケースもありました。ある企業がアルバイトの学生を雇い、個人ブログにライバル企業の製品を中傷する記事を書かせました。この例では、学生を雇った企業に罰金が科されています。

ステルスマーケティングは、景品表示法に違反する可能性もありますし、何よりユーザに誤った印象を与え、自社への信用を失墜させる大きなリスクを抱えています。

違法なマーケティングの種類

●代行業者によるクチコミサイトへの書き込みでユーザを欺く

●ショッピングモール型サービス事業者が
有名人などを使ってユーザを欺く

●生活者になりすましてライバル企業を誹謗中傷

7-09

ネット特有のリスクに気をつけよう

不正アクセス・情報漏洩・なりすまし

▼インターネットにまつわるさまざまな脅威

最後に触れたいのは、インターネットのセキュリティについてです。

企業のサーバーから個人情報が流出したり、官公庁のデータが何者かによって狙われたりと、セキュリティ関連の事件はしばしばニュースをにぎわせます。グローバルな大企業や中央官庁・自治体などから情報が漏洩した場合は、その数は数百万、数千万という膨大なレベルにまで達します。

Ｗｅｂマーケティングにおいても、セキュリティには最大限の注意を払わなければなりません。万が一、自社が保有する重要情報が漏洩する事態を引き起こしてしまったら大問題。法的な部分で訴追される可能性があるのはもちろんのこと、会社の信用は地に堕ち、社会的にも制裁を受けることでしょう。そうなれば、信用をふたたび回復するのは至難の業です。

ネット特有のリスクとして、ここでは代表的な脅威を紹介しましょう。「不正アクセス」「情報漏洩」「なりすまし」の３つです。

ネット特有のリスク

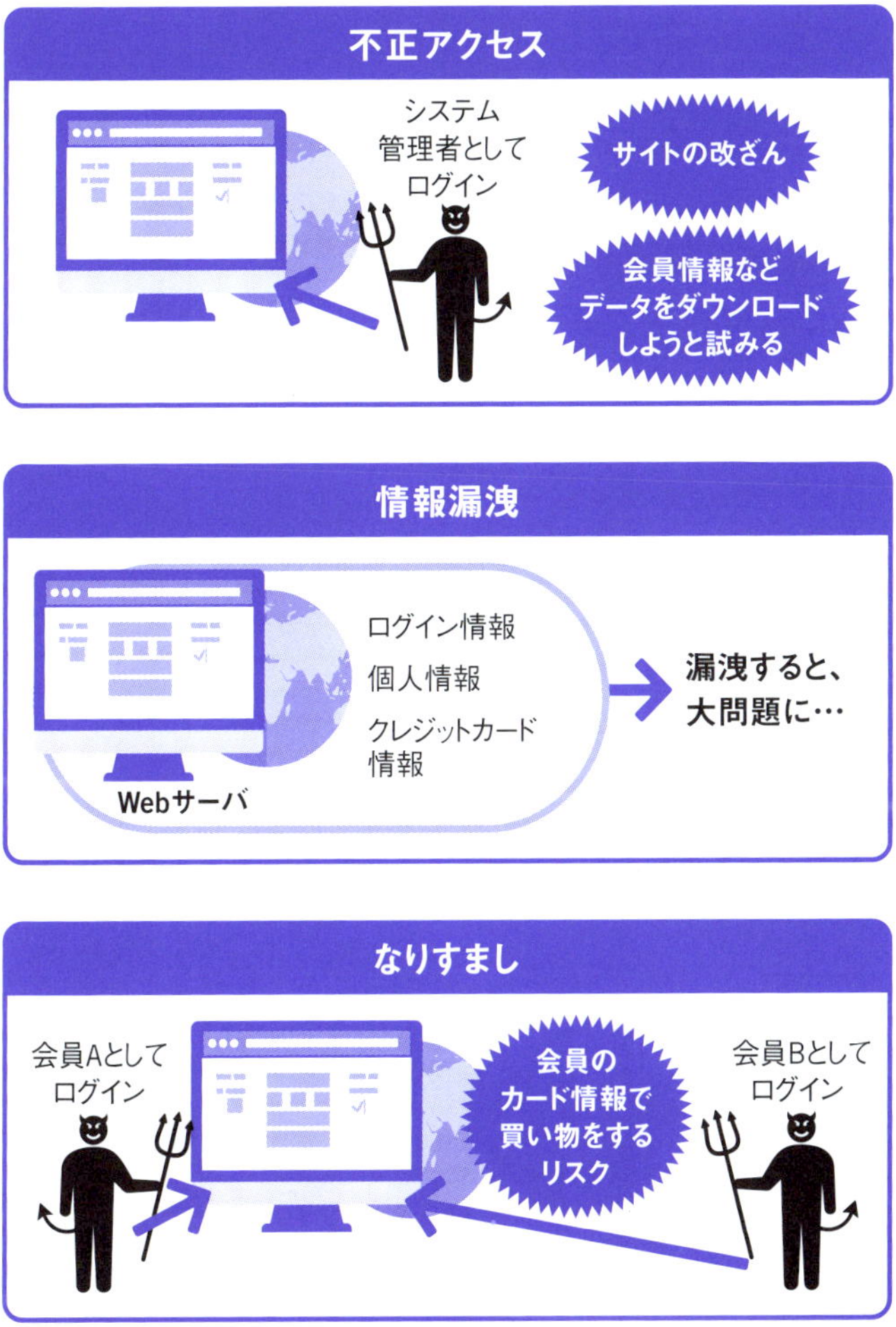

不正アクセス
システム
管理者として
ログイン
サイトの改ざん
会員情報など
データをダウンロード
しようと試みる
情報漏洩
ログイン情報
個人情報
クレジットカード
情報
Webサーバ
漏洩すると、
大問題に…
なりすまし
会員Aとして
ログイン
会員の
カード情報で
買い物をする
リスク
会員Bとして
ログイン

▼不正アクセスは外部からとはかぎらない

不正アクセスとは、アクセス権限を持っていない何者かが、サーバーやデータベースなどに本来認められていない方法で侵入することです。侵入者は外部に限らず、組織内部の人間が意図的に、あるいは意図せず行う場合もあります。

侵入の目的としては、

①Ｗｅｂサイトの改ざん
②サーバーを他のシステムに攻撃するための踏み台にする（サーバーを介してスパムメールを大量に送る、など）
③情報漏洩

の３つが代表的です。

不正アクセスの侵入方法は、外部からサーバーに対して直接操作される場合もありますが、前述のように内部が行うケースも数多くあります。組織に恨みを持つ社員がサイト改ざんや情報漏洩を行って会社に迷惑をかけようとするケースも考えられるでしょう。

セキュリティ対策が全般的に厳しくなった現在ですが、悪意の侵入者はその上をいくさまざまな手段を講じてきます。メールにウイルスや不正侵入のためのプログラムを添付し、それを内部の人間が知らずに実行してしまうことで、不正アクセスに使える〝入り口〟が開かれるケースも増えています。

▼情報が漏れたら企業の信用に傷がつく

次に、先ほども触れた「情報漏洩」です。

企業はどこでも、外部に漏れては困る情報を数多く抱えています。名前・住所をはじめとしたさまざまな個人情報をはじめ、サイトへのログインパスワード、サイト内でのさまざまな行動履歴（閲覧・購入）、さらにはECサイトであればクレジットカード情報も持っていますね。これらの情報が外部に流出してしまったら、企業の信用に致命的な傷がつくだけでなく、刑事事件の対象にもなりえます。

もちろん不正アクセスによって外部から重要な情報を盗み取られることもありますし、前ページで触れたように内部の人間が故意にあるいは誤って漏洩させることもありえますので、情報管理は慎重にも慎重を期して臨みたいものです。

最後に「なりすまし」を挙げておきます。

これは不正アクセスと情報漏洩にも絡んできますが、IDやパスワードの盗用によって他人になりすまし、不正にカード決済をしたり、情報の漏洩・改ざん・誹謗中傷といった行為を行ったりするものです。

現在はなりすましによる事象が大幅に増えています。ユーザ側がしっかりしたパスワード管理をなすべきことはもちろんですが、企業側としてもセキュリティに対する意識をさらに高め、個人情報の管理と確認体制には細心の注意を払いたいものです。

Webマーケティング支援サービスを活用しよう

例えばショーケース・ティービーでは、「豊かなネット社会を創る」という企業理念のもと、企業が運営するWebサイトに対して、今よりもっと、「見やすく・わかりやすく・入力しやすく」改善するための機能（〝おもてなし機能〟）を提供するクラウド・サービス事業をおこなっています。

メガバンクをはじめとする大手金融機関、人材サービス業界、不動産業界、ポータルサイトなど各界のリーディングカンパニーを中心に累計6、000アカウント以上の導入実績があります。このなかで得られた成約率を高めるためのノウハウと、顧客属性やコンバージョンに関するデータを連携させた広告配信、O2O、オムニチャネルでのサービス拡大を図っています。このようなサービスを活用するのもよい手です。

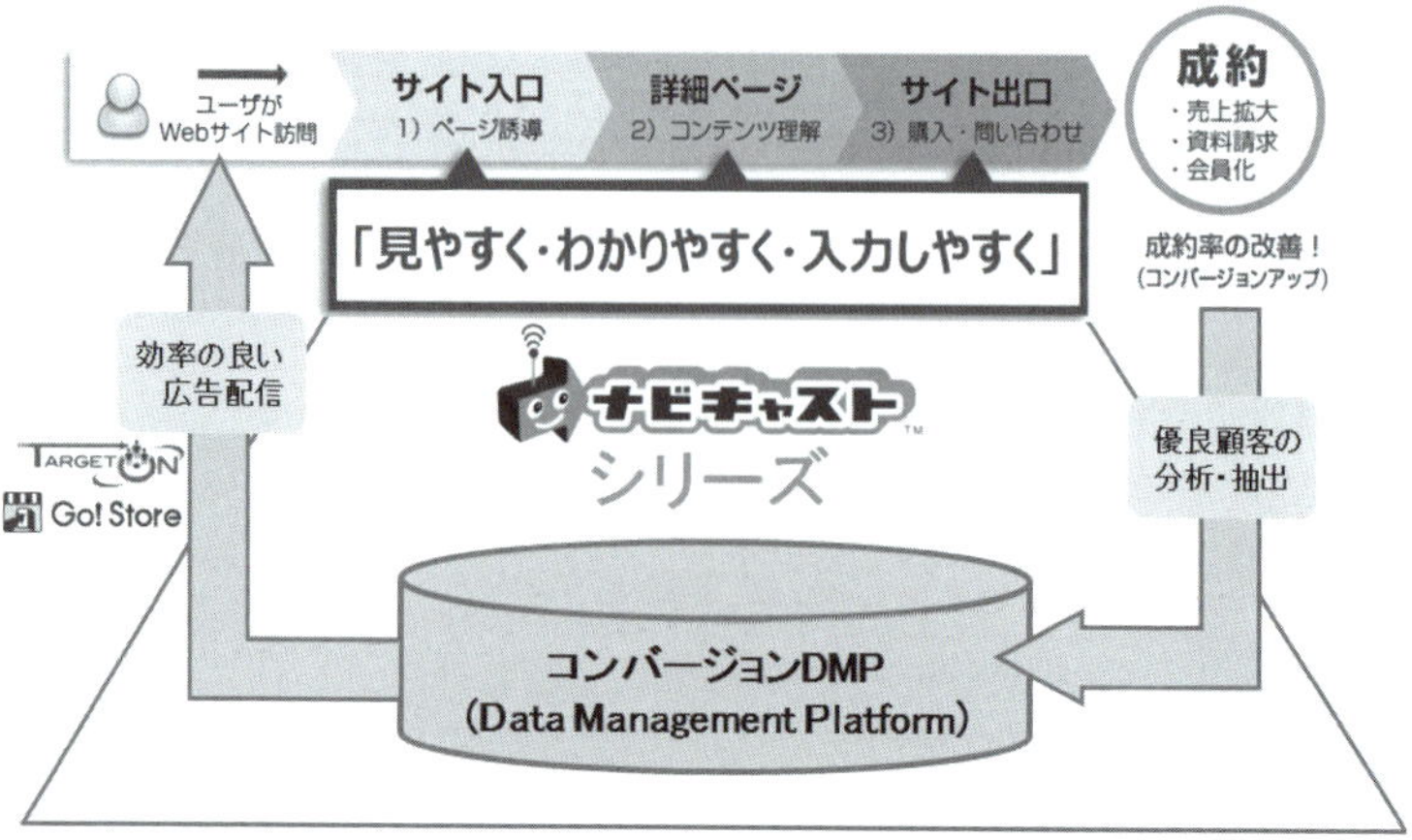

★ぜひ、こちらもご覧ください！

・コンバージョンアップのためのノウハウブログ「efoナビ」
http://efo-navi.com/

・エンジニア必読のTechブログ「bitWave」
http://bitwave.showcase-tv.com/

Webサイト最適化

▼サイト・パーソナライザ（P148参照）

顧客のデータベースを使用しなくても、会員の購買行動や利用履歴などをリアルタイムに判別して、最適なバナーを個別表示できるサービス。

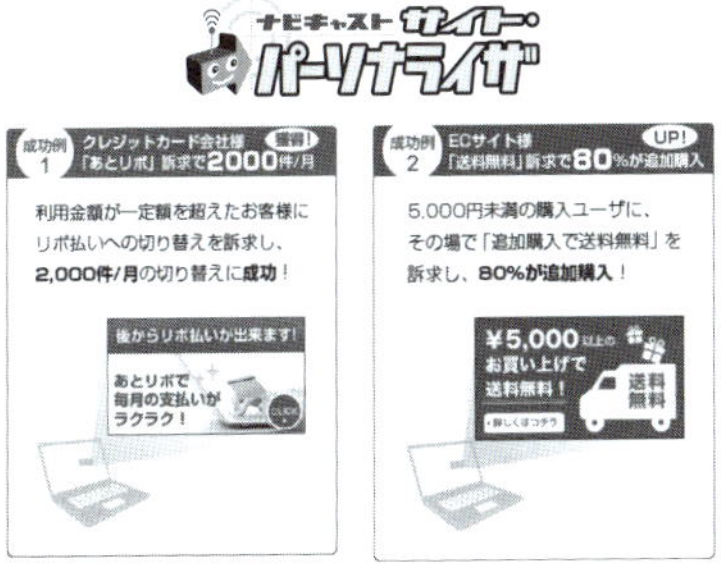

導入効果

カード会社でリボ払い訴求2,000件／月の切り替え成功！

▼フォームアシスト（P156参照）

既存の入力フォームを変更せずに、入力に対してリアルタイムに注意メッセージや案内を表示することでユーザの離脱による機会損失を防ぐ入力フォームの最適化サービス。

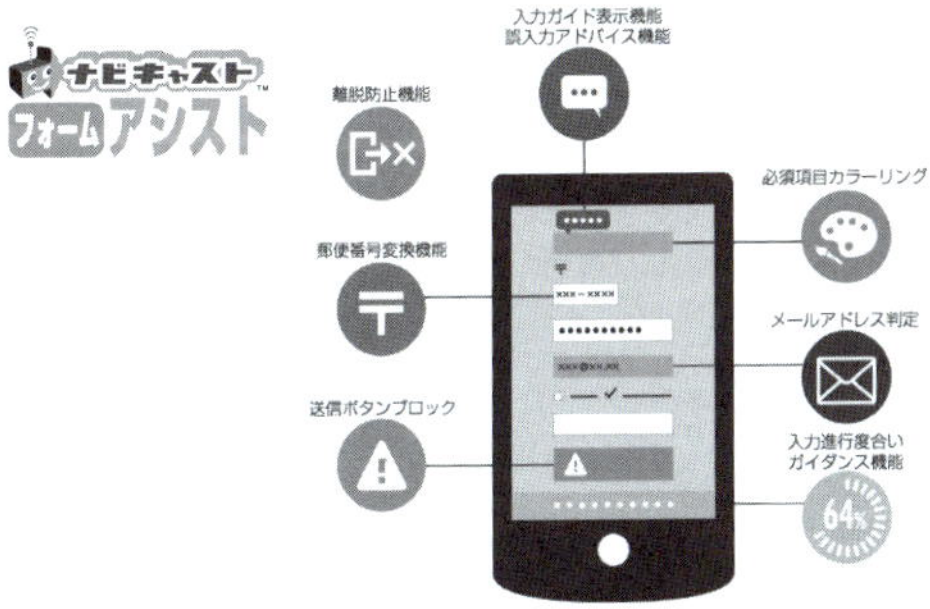

導入効果

導入企業で、コンバージョン率が平均6.8ポイントUP！

デバイス最適化

▼スマートフォン・コンバータ
▼フォームコンバータ（Ｐ１２６参照）

ＰＣ用サイトのページや入力フォームに、ユーザがスマートフォンでアクセスした際に、見やすいレイアウトに自動変換する表示最適化サービス。

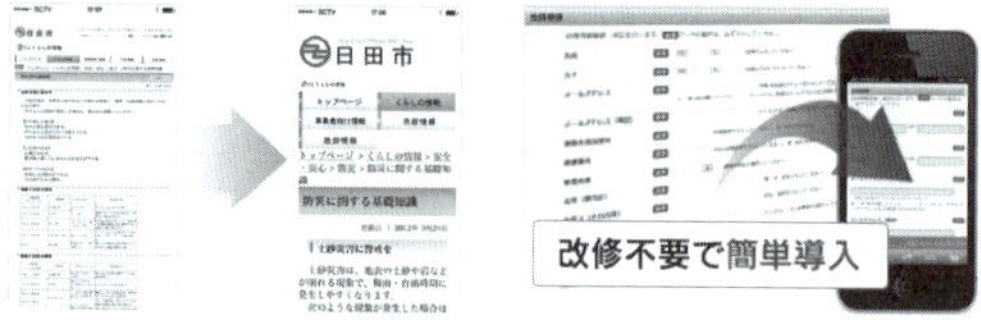
日田市
改修不要で簡単導入

導入効果

・モバイルフレンドリー対応でＳＥＯアップ！
・スマホからの集客UPと離脱低減！

▼スマートリンク（Ｐ１２６参照）

ファーストビューに目的の商品ページへダイレクトに遷移できるナビゲーションを表示できる、比較もしやすい、ECサイトの売上向上を支援するスマートフォン専用サービス。

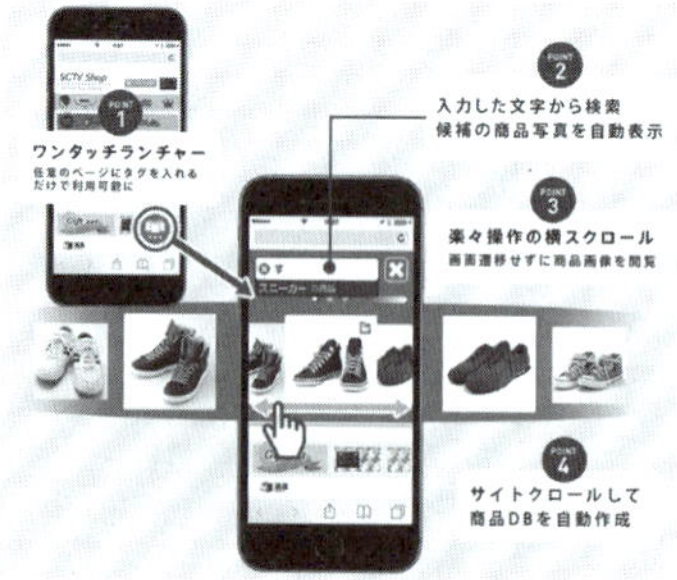
ワンタッチランチャー
任意のページにタグを入れるだけで利用可能に
入力した文字から検索候補の商品写真を自動表示
楽々操作の横スクロール
画面遷移せずに商品画像を閲覧
サイトクロールして商品DBを自動作成

導入効果

目的ページまで最小限のステップでダイレクトに誘導で購買促進アップ！

集客最適化

▼ナビキャストAd（P128参照）

従来のリターゲティング広告に、当社サービスとの連携で見込みの高いユーザを特定する機能を加えた、広告配信サービス。

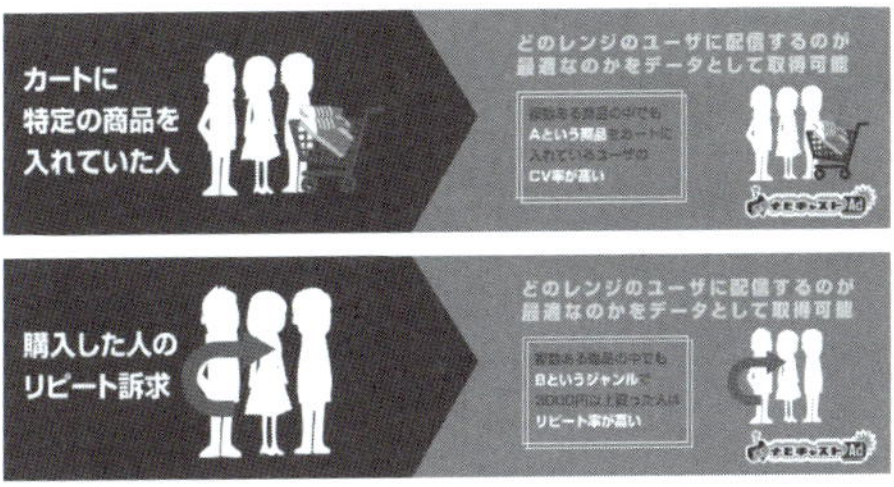

導入効果

集客からコンバージョンまで一気通貫した際と施策でROIの向上が期待！

▼Go! Store（P190参照）

来店促進用クーポンの配信や、近くの店舗検索などの機能を持った、店舗向けクーポン配信スマートフォン用アプリ。

クーポン&チラシ配信　GPS店舗検索　プッシュ通知

導入効果

60%近いユーザが通知を許可しているため、ビジネスチャンスの拡大が期待！

お問い合わせ先	メール：info@showcase-tv.com 電　話：03-5575-5117

参考文献

『マンガでわかるＷｅｂマーケティング　Ｗｅｂマーケッター瞳の挑戦！』（村上佳代 本文・マンガ原案・全体監修、ソウ 作画、星井博文 シナリオ、インプレスジャパン）

『最小の手間で最大の効果を生む！　あたらしいＷｅｂマーケティングの教科書』（西俊明 著、技術評論社）

『すぐに使えてガンガン集客！　Ｗｅｂマーケティング１１１の技』（山田案稜 著、技術評論社）

『図解＆事例で学ぶマーケティングの教科書』（シェルパ 著、酒井光雄 監修、マイナビ）

『はじめてでもよくわかる！　Ｗｅｂマーケティング集中講義』（カティサーク 押切孝雄、上田大輔 著、マイナビ）

※インターネット広告用語事典（http://www.okuramkt.com/dic/index.html）の他、さまざまなＷｅｂページを参照しました。

索引

［数字］

4P……18
4C……18

［英文］

A／Bテスト……174
AIDA……98
AIDMA……26、98
AISAS……98
AU……50
CPA……62、122
CPC……63
CPM……63
CPO……62
CPR……63
CTR……52、122
CVR……54、122
DMP……131
DSP……131
eCPM……63
EFO……156
Facebook……104、130
KGI……67
KPI……64
LPO……56、146、174
O2O……190

One-to-Oneマーケティング……148
PDCA……172
PV……44、48
ROI……60
SEM……74、130
SEO……72、80、88、90、94
SMM……102
Twitter……106
UU……48

【あ】
アーンドメディア……111
アドネットワーク……131
インフィード広告……120、130
インプレッション課金……122
エンゲージメント率……102
オウンドメディア……108、112
オーディエンスターゲティング……124
オムニチャネル……192

【か】
外部施策……80
かご落ち率……58
キーワード収集ツール……90、92
キーワード濃度……76
協調フィルタリング……154
興味関心連動型広告……124
クリック課金……122
行動ターゲティング広告……124、150
コンテンツベースフィルタリング……155
コンバージョン……54

【さ】
自然流入……74

成果報酬型……122
ステルスマーケティング……200
スモールワード……78、90

【た】

ダイレクト・マーケティング……148
直帰率……58、146
途中離脱率……58
ディスクリプション……76
データベースマーケティング……186

【な】

内部施策……80
ネイティブアド……196

【は】

バイラルマーケティング……102
ビッグデータ……188
ビッグワード……78、90
ファネルマーケティング……26
フリークエンシー……132
ペイドメディア……111、114
ページランク……76

【ら】

ランディングページ……144
リアルタイムマーケティング……102
リーチ……132
リスティング広告……74、78、124、128
リワード広告……122
レコメンデーション……152
レスポンシブデザイン……180
ロイヤリティ……164

●監修

株式会社ショーケース・ティービー

Web サイトの最適化技術により成約率を高める ASP サービス「ナビキャストシリーズ」の提供および、DMP を活用した Web マーケティングの支援を手掛ける。そのほか Web サイトやアプリの課題を統合的に解決する Web ソリューション事業、DMP を活用した広告トレーディングデスク事業の 3 事業から成り立っている。優良企業 2000 社以上の取引実績を持つ。2015 年 3 月東証マザーズ上場。

お問い合わせ先：info@showcase-tv.com

図解&事例で学ぶ Webマーケティングの教科書

2015 年 9 月 30 日　初版第 1 刷発行

監修　ショーケース・ティービー
編集協力　斉藤俊明
発行者　中川信行
発行所　株式会社マイナビ
〒 100-0003 東京都千代田区一ツ橋 1-1-1 パレスサイドビル
TEL 0480-38-6872（注文専用ダイヤル）
TEL 03-6267-4477（販売部）
TEL 03-6267-4483（編集部）
Email：pc-books@mynavi.jp
URL：http://book.mynavi.jp

装丁　萩原弦一郎、藤塚尚子（デジカル）
本文デザイン　玉造能之、梶川元貴（デジカル）
DTP　富宗治
印刷・製本　図書印刷株式会社

ISBN978-4-8399-5509-0
Printed in Japan